AF346551

Impressum

Baierbrunner Straße 27, 81379 München
Ausgabe 2023

Text: Karolin Küntzel
Illustration: Kathleen Richter
Redaktion: Isabel Martins
Produktion: Ute Hausleiter
Abbildungen: siehe Bildnachweis S. 92
Titelabbildungen: Kathleen Richter
Umschlag- und Innenlayoutgestaltung: Agentur Nemetz, Offingen

ISBN 978-3-8174-4345-1
381744345/1

Besuchen Sie uns auf Instagram und Facebook: circonverlag

www.circonverlag.de

Das große Nacht-Entdecker-Buch

Was passiert im Dunkeln?

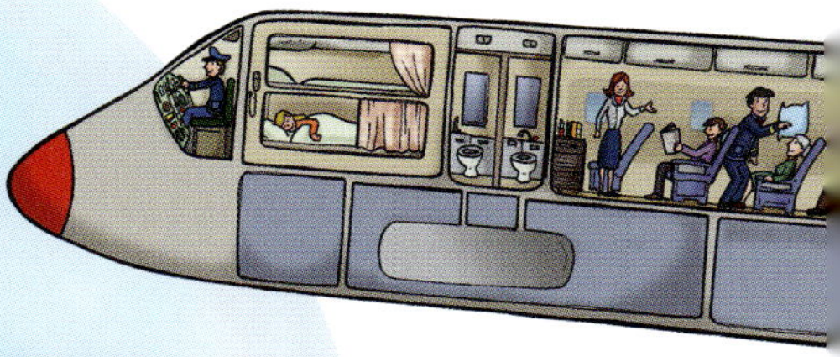

Inhalt

Vorwort

Nachts, wenn du schläfst, ist eine ganze Menge los. Viele Menschen arbeiten dann. Sie sorgen dafür, dass die Brötchen knusprig und warm in der Auslage der Bäckerei liegen und in den Häfen frischer Fisch verkauft werden kann. Im Krankenhaus tröstet die Nachtschwester oder der Pfleger ein Kind, die Polizei fängt einen Dieb und die Feuerwehr löscht einen Brand.

Das ist aber längst nicht alles. Tiere gehen auf die Suche nach Futter und Beute. Sie jagen in der Dunkelheit und tagsüber, wenn du in der Schule bist, schlafen sie in ihren Höhlen und Verstecken. Blumen öffnen ihre Kelche und duften verführerisch. Mit ihren strahlend weißen Blüten locken sie Nachtfalter an.

Währenddessen liegst du im Bett. Selbst dann ist ein Teil deines Körpers aktiv. Vielleicht träumst du, vielleicht schlafwandelst du sogar oder schnarchst, weil du Schnupfen hast. In manchen Nächten darfst du auch aufbleiben und feiern. Das ist dann besonders schön.

Von all diesen nächtlichen Geheimnissen erzählt dieses Buch.
Viel Spaß dabei und eine gute Nacht!

Von Nachtarbeit und frühem Aufstehen

Während du in deinem Bett liegst und schläfst, gehen viele Menschen ihrer Arbeit nach. Sie sorgen beispielsweise dafür, dass du am Morgen ein Frühstücksbrötchen oder Obst essen kannst, befördern Reisende, bringen die Zeitung, helfen in Notfällen oder sorgen für Sicherheit auf den Straßen. Wie sieht ihre Arbeit aus?

Der Bäcker braucht 'nen Wecker

Isst du auch so gern frische Brötchen am Morgen? Dann geht es dir so wie vielen anderen Menschen auch. Damit du vor der Schule knusprige Brötchen essen kannst, beginnt die Arbeit in der Bäckerei schon mitten in der Nacht.

Arbeitsbeginn um zwei Uhr

In der Backstube startet man bereits wenige Stunden nach Mitternacht mit der Arbeit. Wer in diesem Beruf anfängt, braucht mit Sicherheit einen Wecker, damit er rechtzeitig aufwacht. Nur Bäckerinnen oder Bäcker, die schon jahrelang um diese Zeit aufstehen, haben sich an den frühen Arbeitsbeginn gewöhnt und kommen ohne den kleinen Wachmacher aus.

Brote über Brote

Nirgendwo sonst gibt es so viele verschiedene Brotsorten wie im deutschsprachigen Raum. Über 600 sollen es sein. Die genaue Zahl kennt aber niemand.

Mischen und kneten

In der Backstube vermischt man alle Zutaten für die Brötchen in einer großen Rührschüssel. Mehl, Wasser, Salz und Hefe kneten der Bäcker oder die Bäckerin so lange, bis ein glatter Teig daraus geworden ist. Anschließend muss der Teig eine Weile ruhen. Dabei geht er auf. So wird dein Frühstücksbrötchen schön locker.

Rollen und formen

Der fertige Teig wird in viele gleich große und gleich schwere Teigklumpen unterteilt, aus denen man die Brötchen formt. Das macht man entweder von Hand oder man benutzt eine spezielle Maschine, die aus einem großen Stück Teig mehrere gleich große Teiglinge formt. Kliefmaschine nennt sich dieses Gerät.

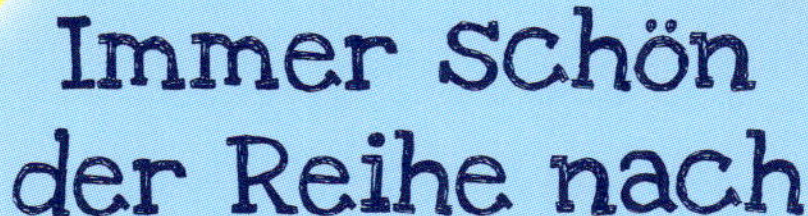

Immer Schön der Reihe nach

In der Backstube stellt man den Teig für die Waren in der Reihenfolge her, wie sie später im Geschäft verkauft werden. Zuerst Brötchen, Brezeln und Brot, danach Kuchen und Torten.

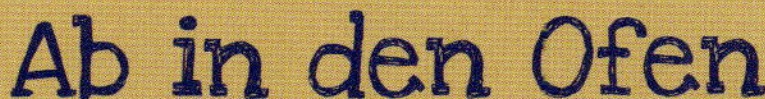

Ab in den Ofen

Auf großen Blechen wandern die Teiglinge in den Ofen, wo sie gebacken werden. Nach kurzer Zeit kommen sie knusprig braun heraus und duften himmlisch.

Im Laden

Ab sieben Uhr haben die meisten Bäckereien geöffnet und die ersten Menschen strömen herein, um Brot oder Brötchen zu kaufen. In der Backstube geht die Arbeitsnacht nun langsam zu Ende.

Die Belegschaft räumt noch auf, notiert Bestellungen für den nächsten Tag und setzt neuen Teig an. Dann ist in der Backstube Feierabend. In der Bäckerei übernehmen nun die Verkäuferinnen und Verkäufer.

Im Flug durch die Nacht

Wenn du von Europa aus nach Amerika fliegst, dauert der Flug viele Stunden und geht meist über Nacht. Während du in deinem Sitz schlafen und dich ausruhen kannst, arbeitet die Crew, vor allem die Pilotin oder der Pilot, die Nacht hindurch, bis du an deinem Ziel angekommen bist.

Abgehoben

Vor dem Start und währenddessen hat die Pilotin beziehungsweise der Pilot eine Menge zu tun. Die Person, die das Flugzeug führt, muss überprüfen, ob die Maschine startklar ist. Vom Tower – das ist der Kontrollturm auf dem Flughafen – erbittet sie anschließend die Starterlaubnis. Dann bedient sie alle möglichen Schalter und Hebel und der „Riesenvogel" steigt in die Luft.

Wer fliegt den „Vogel"?

Im Normalfall natürlich die Pilotin oder der Pilot. Zwischendurch kann an den Co-Piloten oder die Co-Pilotin oder an den Autopiloten übergeben werden. Der Autopilot ist eine automatische Steuerung, die das Flugzeug auf Kurs und in der richtigen Höhe hält. Einen Menschen am Steuer ersetzen kann er aber nicht.

Hier spricht das Cockpit

Ist die Maschine auf Reiseflughöhe, begrüßt die Person, die das Flugzeug steuert, die Reisenden an Bord und stellt sich und die Crew vor. Außerdem erklärt sie die Reiseroute und sagt etwas über die Wetterbedingungen.

Darf man im Cockpit schlafen?

Nein, das darf man gar nicht. Die Pilotin oder der Pilot bleibt die ganze Zeit wach, damit auch auf unvorhersehbare Ereignisse schnell reagiert werden kann. Auch wenn der Autopilot eingeschaltet ist, muss jemand Verantwortung tragen und das Wetter beobachten, Funkkontakt halten und das Flugzeug in jedem Luftraum, das es überfliegt, an- und abmelden.

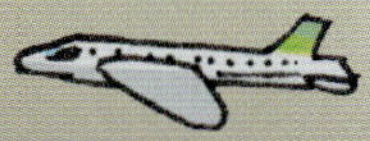

Nachtschicht

Ein Pilot beziehungsweise eine Pilotin darf auf Nachtflügen bis zu zwölf Stunden am Stück arbeiten. Dann muss es eine Ablösung geben. Dauert der Flug länger, muss immer eine zweite Person mit an Bord sein, die das Flugzeug dann steuert.

Ab in die Koje

Das Kabinenpersonal dagegen darf auf Nachtflügen ausruhen und sogar schlafen. Während ein Teil wach bleibt, falls jemand der Reisenden noch einen Wunsch hat, dürfen sich die anderen nach dem Verteilen des Essens in eine Art Schlafkoje oder in einen Ruhesitz zurückziehen. Wer schlafen darf und wann, ist im Dienstplan geregelt und damit schon vor dem Abflug festgelegt.

Lichtscheuen Gestalten auf der Spur

Viele Kriminelle nutzen gern den Schutz der Nacht für ihre verbrecherischen Aktionen. Sie sind unterwegs, wenn andere Menschen schlafen, um in Ruhe ihren dunklen Geschäften nachzugehen. Doch nicht nur sie streifen durch die Straßen, auch die Polizei schläft nicht und ist ihnen vielleicht schon auf der Spur.

Der Notruf

Die meisten Polizeiwachen sind rund um die Uhr besetzt. Wenn in der Nacht ein Anruf eingeht, kann sich die Polizei sofort auf den Weg zum Einsatzort machen. Rufst du den Notruf an, landest du aber nicht automatisch in der Wache bei dir um die Ecke, sondern in der Zentrale. Sie stimmt die Einsätze aufeinander ab und schickt die Streifenwagen los.

Die Polizei ist auch nachts im Einsatz.

Die fünf W-Fragen

Wählst du die Notrufnummer, fragt man dich:

Was ist passiert?
Wo ist es passiert?
Wann ist es passiert?
Wie viele Personen sind beteiligt?
Wer ruft an?

Auf Streife

Die Polizei fährt auch in der Nacht durch die Straßen. Kommt ihr etwas verdächtig vor, kontrolliert sie zum Beispiel Geschäfte, bei denen mitten in der Nacht ein Fenster offen steht, oder Autos, bei denen ihr etwas merkwürdig vorkommt.

Wer war das?

Nicht immer werden Kriminelle auf frischer Tat ertappt. Dann werden am Tatort die Spuren gesichert und später auf der Wache ausgewertet. Fingerabdrücke werden mit vorhandenen Daten verglichen, Fußspuren und Gegenstände, die mit der Tat zu tun haben könnten, untersucht.

So viel zu tun

Häufig wird die Polizei auch gerufen, um Streit zu schlichten. Sie kommt, wenn die Musik im Nachbarhaus zu laut ist oder jemand betrunken randaliert. Sie sichert Unfallstellen ab, sucht vermisste Personen, fängt Tiere wieder ein oder vernimmt Zeuginnen und Zeugen. Außerdem gibt es eine Menge Formulare auszufüllen und über jeden Einsatz muss ein Bericht geschrieben werden.

Tierische Helfer

Die Polizei setzt auch Tiere ein. So gibt es zum Beispiel speziell ausgebildete Spürhunde, die bei der Suche nach Vermissten helfen. Außerdem gibt es Polizeipferde, die dort zum Einsatz kommen, wo keine Autos fahren dürfen.

Berittene Polizei

Im Affenzahn die Stange runter

In der Nacht tobt ein schreckliches Gewitter. Plötzlich schlägt ein Blitz in eine Scheune ein und sie fängt sofort Feuer. Zum Glück hast du den Brand gleich bemerkt und die Feuerwehr angerufen. Jetzt muss es schnell gehen!

Mit Blaulicht und Sirene

Auf der Wache rutschen die Feuerwehrleute nach der Alarmierung in Windeseile die Stange vom ersten Stock zu den Löschfahrzeugen hinunter. Wer jetzt noch nicht umgekleidet ist, schnappt sich seine Schutzkleidung aus dem Spind oder vom Haken und springt mit ihr in das Fahrzeug. Schon geht es los!

Wasser marsch!

Während das Auto durch die Nacht jagt, ziehen sich die Feuerwehrleute um und bekommen erste Informationen über den Brand. An der Scheune angekommen, rollen sie die Schläuche aus, schließen sie an einen Hydranten an und beginnen zu löschen.

Jetzt noch aufräumen?

Nach jedem Einsatz müssen die Geräte wieder einsatzfertig gemacht werden. Ganz egal, wie spät es ist und wie lange der Einsatz gedauert hat.

Freiwillig in Gefahr

Ein Feuerwehreinsatz kann sehr gefährlich sein. Das wissen auch die Mitglieder der Freiwilligen Feuerwehr. Trotzdem machen sie ihre Arbeit gern.

Da sie nachts nicht wie die Berufsfeuerwehrmänner und -frauen auf der Wache sind, bekommen sie den Alarm auf ihre Piepser. Dann machen sie sich so schnell es geht auf den Weg zur Wache und fahren von dort mit dem Einsatzfahrzeug weiter.

Retten, Löschen, Bergen, Schützen

Das sind die Hauptaufgaben der Feuerwehr. Manchmal befinden sich Personen oder Tiere in Lebensgefahr: nach Autounfällen, bei Bränden, Explosionen oder Naturkatastrophen. Ist die Feuerwehr schnell zur Stelle, kann sie Leben retten.

Nach dem Brand

Die Scheune ist gelöscht und trotzdem bleibt noch jemand von der Feuerwehr als Brandwache zurück – für den Fall, dass das Feuer doch noch einmal auflodert.

Kalte Spaghetti

In manchen Nächten ist auf der Wache nicht viel los. Dann werden zum Beispiel die Fahrzeuge geputzt oder es wird gemeinsam gekocht. Geht dann doch der Alarm los, sind die Spaghetti auf dem Teller längst kalt, wenn der Einsatz beendet ist.

Mitternachtsgemüse

Mitten in der Nacht herrscht in den Großmarkthallen geschäftiges Treiben. Wer hier arbeitet oder einkauft, muss früh aufstehen oder gar nicht erst zu Bett gehen.

Darf es ein bisschen mehr sein?

Auf dem Großmarkt findet der Einkauf von großen Mengen Obst und Gemüse für Supermärkte, Einzelhandel oder Restaurants statt. Fünf Kisten Äpfel, drei Stiegen mit Erdbeeren, vier Kartons mit Pilzen oder 25 Salatköpfe kommen da recht schnell zusammen.

Im Supermarkt kannst du dir dann ab acht Uhr einen Pausenapfel kaufen, der kurz zuvor noch auf dem Großmarkt gehandelt wurde.

Tomaten in rauen Mengen

Blumen, Fisch und Fleisch

Neben Obst- und Gemüse-Großmärkten gibt es auch Blumen-Großmärkte oder solche, in denen ausschließlich Fisch oder Fleisch gehandelt werden.

Großmarktstadt

Manche Großmärkte sind so riesig, dass du dich dort leicht verlaufen kannst. An die 44 Fußballfelder können solche Gelände groß sein. Riesige Hallen mit Laderampen, an denen die LKWs die Ware anliefern, Kühllager und Verkaufshallen, aber auch eine Tankstelle, ein Imbiss oder Duschen für die Fahrer und Fahrerinnen haben auf einem so großen Gelände Platz.

Schnell rein und wieder raus

Das Obst und Gemüse, das im Großmarkt verkauft wird, kommt aus aller Welt. Die ersten Bestellungen sind schon vor Mitternacht im Großhandel eingegangen und sollen so schnell wie möglich verpackt werden. Meist wird die Ware noch am Tag der Anlieferung weiterverkauft.

Packen, stapeln, rennen

Spätestens um drei Uhr nachts wimmelt es in den Hallen von Leuten. Die Laster werden im Eiltempo entladen und die Stände aufgebaut. Ware, die vorab bestellt wurde, kann jetzt schon zusammengestellt werden. Die Kundinnen und Kunden holen sie dann später ab oder bekommen sie geliefert.

Feierabend um die Mittagszeit

Wenn dein Gemüsegeschäft öffnet, hat das hektische Treiben auf dem Großmarkt ein Ende. Die Stände schließen und es kehrt langsam Ruhe ein – jedenfalls bis kurz vor Mitternacht.

Ananas im Februar

Wer besonders erlesene Früchte oder seltene Gemüsesorten sucht, kommt meistens selbst vorbei und prüft die Ware an den Ständen, bevor die Bestellung aufgegeben wird. Hier gibt es zu jeder Jahreszeit alles, was gerade irgendwo auf der Welt reif ist, so auch Ananas mitten im Winter.

Dorsch im Dunkeln

Damit du Fischfilet essen kannst, fahren Seeleute nachts auf das Meer hinaus, um die Netze auszubringen. Ihr Beruf gehört zu den gefährlichsten der Welt. Jährlich sterben an die 24 000 Fischer und Fischerinnen auf See.

Wind, Wetter, Wellengang

Auf Fischerbooten arbeitet man bei jedem Wetter. Und das nicht nur bei Tag, sondern auch in absoluter Dunkelheit. Außerhalb des Lichtkegels des Schiffes ist dann alles tiefschwarz, kein Licht ist weit und breit zu sehen. Bei schlechtem Wetter schaukelt das Schiff, es rollt oder stürzt in Wellentäler, der Wind pfeift. Wasser kommt aus allen Richtungen.

Rutschpartie

Auch an Deck ist es gefährlich. Der Boden ist rutschig, das Netz ist schwer und das Messer zum Ausnehmen des Fisches sehr scharf. Wenn du dich verletzt, kannst du sofort in eine Arztpraxis gehen. An Bord eines Fischkutters ist das nicht möglich und es kann Tage dauern, bis eine Wunde richtig versorgt werden kann.

Hauptsache an Deck bleiben

Wer in der Nacht über Bord geht, kann nur schwer wiedergefunden werden. In der Dunkelheit ist ein Mensch inmitten der Wellen nicht zu sehen. Manchmal wird das Unglück auch nicht gleich bemerkt und das Schiff hat sich schon weit vom Unglücksort entfernt.

Mehr als fischen

Zu den Aufgaben an Bord gehört es nicht nur, die Netze auszubringen und wieder einzuholen. Die Netze müssen wie das Boot selbst instand gehalten und repariert werden. Außerdem wird der Fang nach Größe und Art sortiert. Häufig wird er auch direkt an Bord weiterverarbeitet. Dazu gehört das Ausnehmen, Säubern, Filetieren, Kochen oder Salzen.

Ab in die Koje

Oft ist die Besatzung auf solchen Schiffen mehrere Tage und Nächte hintereinander auf See. Dann schläft sie, wenn gerade nichts zu tun ist, in schmalen Betten, Kojen genannt. Manchmal reicht die Zeit nur für ein paar Stunden.

Endlich im Hafen

In kleineren Häfen laufen die Fischkutter frühmorgens ein. Wenn du zeitig aufstehst, kannst du dort direkt vom Schiff Krabben oder Fisch kaufen. Der Rest des Fangs wird an Händlerinnen und Händler oder an Fabriken verkauft.

Feierabend ist dann aber immer noch nicht. Das Schiff muss aufgeräumt, sauber gemacht und bei Bedarf repariert werden. Erst danach ist Zeit für die Familie.

Immer auf Sendung

Wann immer du dein Radio anschaltest, hörst du Musik, Nachrichten oder Beiträge zu bestimmten Themen. Radiomoderatorinnen und Radiomoderatoren lesen die Verkehrsnachrichten, den Wetterbericht oder erzählen Geschichten. Was passiert nachts im Sender?

Auch nachts gut gelaunt

Verdammt früh

Radio gibt es rund um die Uhr. Das bedeutet für einige Moderatorinnen und Moderatoren, dass sie sehr früh aufstehen müssen. Ist ihr Arbeitsbeginn zum Beispiel um vier Uhr nachts, klingelt der Wecker vielleicht schon um zwei Uhr. Glück hat dann, wer nahe am Rundfunkstudio wohnt und nicht weit fahren muss.

Gut bei Stimme

Wer im Radio Sendungen moderieren will, muss vor allem eine angenehme Stimme haben und fehlerfrei sprechen können. Wer nuschelt, hat keine Chance.

Nachteulen

Einige, die in der Nachtschicht arbeiten, finden ihre Arbeitszeiten richtig gut. Ihnen fällt das Aufstehen nicht schwer und sie laufen nachts zur Höchstform auf. Außerdem sind die Straßen leer, wenn sie zur Arbeit fahren, und ab mittags haben sie Feierabend. Dann haben sie Zeit, um ins Freibad zu gehen oder in Ruhe einzukaufen, während andere noch arbeiten müssen.

Im Studio

Zur Radiomoderation gehört nicht nur die Sendung selbst, sondern auch die Vorbereitung dazu. Welche Musik soll gespielt werden, welche Berichte sind wann dran und wie passt das alles zeitlich zwischen die Nachrichten und den Verkehrsfunk?

Wer hört denn das?

Viele Menschen, die nachts Radio hören, sind selbst bei der Arbeit. Sie backen Brot, fahren LKW oder haben Nachtdienst. Auch wenn ihr nachts in den Urlaub fahrt, freuen sich deine Eltern über Musik und Unterhaltung aus dem Radio.

Knöpfe drücken

Damit Beiträge und Musik nahtlos ineinander übergehen, müssen sich Moderatorinnen und Moderatoren auch mit der Studiotechnik gut auskennen. Da gibt es viele Knöpfe und Schieber, mit denen sie die Lautstärke regeln oder ein aufgezeichnetes Interview und Musik starten können.

Nicht auf den Mund gefallen

Manchmal sind auch Gäste im Studio, die interviewt werden. In diesem Fall ist es besonders wichtig, sich gut unterhalten zu können. Dazu gehört zum Beispiel auch, interessante Fragen zu stellen und schnell auf Äußerungen zu reagieren. Schließlich sollen sich die Menschen, die zuhören, nachts nicht langweilen oder gar beim Radiohören einschlafen.

Zu Gast im Lokal

Fast überall, wo du etwas essen und trinken kannst, arbeiten Kellnerinnen und Kellner. Sie sorgen dafür, dass du serviert bekommst, was du bestellt hast. Da viele Restaurants und Bars bis spät in die Nacht hinein geöffnet haben, ist das Servicepersonal auch oft bis in die frühen Morgenstunden auf den Beinen.

Was darf ich Ihnen bringen?

Servicekräfte arbeiten überall in der Gastronomie: in Bars, Restaurants, Kantinen, Cafés, Hotels und sogar auf Schiffen. Sie helfen bei der Auswahl, nehmen die Bestellung auf, bringen die Speisen und Getränke, räumen ab und kassieren. Ihre Aufgabe ist es außerdem, dafür zu sorgen, dass man sich wohlfühlt, wenn man in einem Lokal zu Gast ist.

Nachtmahl

Menschen, die nachts arbeiten oder unterwegs sind, wollen auch etwas essen und trinken – der Fernfahrer und die Fernfahrerin an der Raststätte genauso wie die Theaterschauspielerinnen und -schauspieler nach der Vorstellung.

Freundlich und flink

Eine gute Bedienung ist immer freundlich und höflich zu ihren Gästen. Das gilt auch, wenn ein Missgeschick passiert. Kippst du aus Versehen das volle Glas um, kann das ganz schön peinlich sein. Wenn die Pfütze aber schnell und ohne Aufhebens beseitigt wird, fühlst du dich gleich wieder wohl.

Hat es geschmeckt?

Vielleicht wurdest du das auch schon einmal nach dem Essen gefragt. Wenn alles lecker war, fällt die Antwort darauf sicher leicht. Und wenn nicht? Dann darf man das auch höflich sagen. Die Kellnerin beziehungsweise der Kellner leitet die Kritik dann an das Personal in der Küche weiter.

Müde Füße

Die Arbeit ist anstrengend. Selten ist Zeit, sich mal hinzusetzen, oft verbieten die Vorgesetzten das sogar. Nach einer ganzen Nacht auf den Beinen tun die Füße weh und der Kopf brummt von all den Bestellungen. Das ist ein Grund dafür, warum viele Bedienungen den Job nach einiger Zeit aufgeben und sich nach einer anderen Arbeit umsehen.

Trinkgeld

Als Servicekraft wird man selten reich. Deshalb ist es wichtig, zusätzlich Trinkgeld zu bekommen. Freundliche Bedienungen bekommen oft mehr Trinkgeld als unfreundliche.

Nachts um drei von Tür zu Tür

Die meisten Menschen schlafen nachts um drei tief und fest. Ein paar sind aber auch noch oder schon unterwegs, wie die, die die Zeitung austragen. Damit ihr die Tageszeitung pünktlich zum Frühstück im Briefkasten habt, müssen diese Leute mitten in der Nacht aufstehen.

Informationen aus erster Hand

Nach den Angestellten in der Zeitungsdruckerei sind die Zeitungsbotinnen und Zeitungsboten die Ersten, die die Zeitung zu Gesicht bekommen. Zeit, sie zu lesen, haben sie aber nicht, denn vor ihnen liegen lange, anstrengende Touren.

Routenplanung

Jeder Zusteller und jede Zustellerin ist für ein bestimmtes Gebiet zuständig. Die Arbeit ist erst beendet, wenn dort alle ihre abonnierte Zeitung im Kasten haben. Will man unnötig lange Wege vermeiden und möglichst schnell Feierabend machen, sollte die Reihenfolge der Zustellung gut geplant sein.

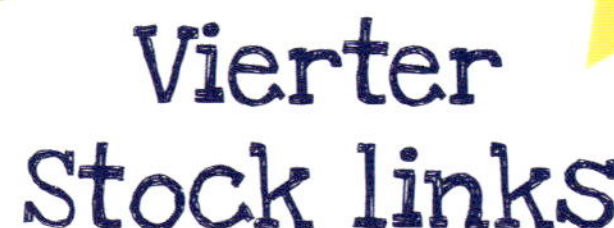

Vierter Stock links

Nicht immer sind die Briefkästen in großen Wohnhäusern unten im Hausflur angebracht. Dann heißt es Treppensteigen: rauf und wieder runter. Wer das mehrmals pro Nacht macht, braucht bestimmt nicht extra zum Sport zu gehen.

Viele Schlüssel im Gepäck

Sind die Briefkästen nicht draußen am Haus angebracht, bekommt die Austrägerin beziehungsweise der Austräger einen Schlüssel für jedes Haus, in dem Zeitungen zugestellt werden müssen. Da kann schon ein stattlicher Schlüsselbund zusammenkommen.

Hunde, die bellen

Wer unsere Zeitungen zustellt, gehört wie Postboten und -botinnen nicht immer zu den Lieblingen der Hunde. Sie werden gern verbellt. Zum Glück sind sie meist durch die Haustür oder den Gartenzaun vor dem aufgeregten Vierbeiner geschützt.

Bei Wind und Wetter

Früh am Morgen unterwegs zu sein, kann im Sommer sehr schön sein. Die milde Luft, die ersten zwitschernden Vögel oder den Sonnenaufgang hat man beim Austragen der Zeitung fast für sich allein. Wenn es allerdings regnet, stürmt oder schneit, ist die Arbeit kein Zuckerschlecken mehr.

Nicht nur Zeitung

Inzwischen tragen viele Zustellerinnen und Zusteller nicht nur die Tageszeitung aus. Häufig werden mit ihr zusammen auch Werbebeilagen oder ganz reguläre Postsendungen in den Briefkasten gesteckt. Das bedeutet zwar keinen längeren Weg, aber wesentlich mehr zu schleppen.

Helfende Hände

Das Krankenhaus schläft nie. Auch in der Nacht ist dort immer einiges zu tun. Zwar nicht so viel wie am Tag, aber medizinisches Personal hat auch dann Dienst. Worum kümmern sie sich, wenn die Patientinnen und Patienten schlafen?

Dienstantritt

Bevor die eigentliche Schicht beginnt, findet eine Übergabe statt. Das bedeutet, das Pflegepersonal oder die Ärztinnen und Ärzte, die jetzt Feierabend haben, informieren die folgende Schicht darüber, was bisher auf der Station los war. Gab es Neuaufnahmen oder spezielle Vorkommnisse, worauf ist besonders zu achten?

Rundgänge

Das Pflegepersonal der Nachtschicht macht während seines Dienstes drei Rundgänge: einen vor der Schlafenszeit, den nächsten ungefähr um Mitternacht und den dritten kurz vor Ende der Schicht. Auf diesen Rundgängen schauen Schwestern und Pfleger, ob bei den Kranken alles in Ordnung ist oder ob jemand Hilfe braucht.

Ich muss mal

Wer im Krankenhaus liegt, darf manchmal nicht allein aufstehen. Wenn du zum Beispiel einen frischen Gips am Bein hast und auf die Toilette musst, klingelst du nachts nach der Schwester oder dem Pfleger.

Ruhig oder turbulent?

Ob in der Nacht viel zu tun ist, hängt auch von der Station ab. So ist es zum Beispiel auf einer Säuglingsstation ruhiger als in der Notaufnahme.

Die einen schlafen, die anderen wachen

In der Nacht wird nur im Notfall operiert. Deshalb haben die Ärztinnen und Ärzte, die Nachtdienst haben, manchmal gar nichts zu tun. Sie können sich dann in einem Bereitschaftszimmer hinlegen und schlafen, bis sie gebraucht werden. Krankenschwestern und Krankenpfleger können das nicht. Sie müssen die ganze Nacht wach bleiben, auch wenn es ihnen schwerfällt.

Allerhand zu tun

Falls du jetzt denkst, die Schwestern und Pfleger drehen nachts nur ihre Runden, hast du dich getäuscht. Sie müssen außerdem noch eine Menge Papierkram erledigen. So vermerken sie zum Beispiel in deiner Krankenakte, ob du Fieber hattest oder ein Medikament bekommen hast.

Sie schütteln Kissen auf, trösten und beruhigen, füllen Verbandsmaterial auf und bereiten alles für die Frühschicht vor.

Die Heimbringer

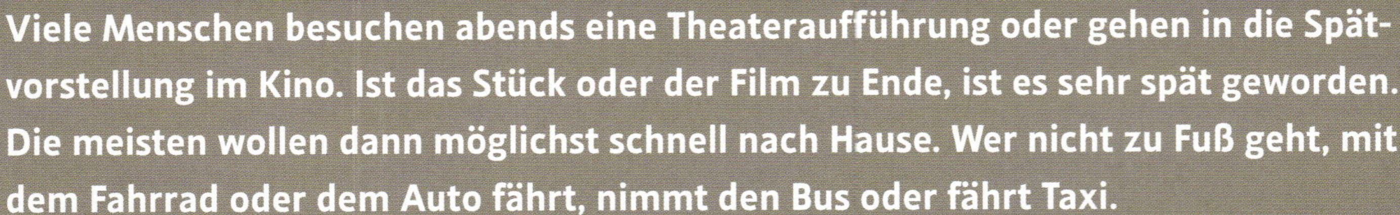

Viele Menschen besuchen abends eine Theateraufführung oder gehen in die Spätvorstellung im Kino. Ist das Stück oder der Film zu Ende, ist es sehr spät geworden. Die meisten wollen dann möglichst schnell nach Hause. Wer nicht zu Fuß geht, mit dem Fahrrad oder dem Auto fährt, nimmt den Bus oder fährt Taxi.

Nach Fahrplan

In einigen großen Städten sind Busse die ganze Nacht hindurch unterwegs. Sie fahren dann aber seltener, weil weniger Fahrgäste mitwollen. Manchmal ist der Bus sogar ganz leer. In kleineren Städten oder auf dem Land gibt es häufig keinen Nachtfahrplan. Dann muss man bis in die frühen Morgenstunden warten, bis ein Bus kommt.

Wo Busse schlafen

Busse, die nachts nicht unterwegs sind, werden im Busdepot abgestellt. Dort können sie auch betankt, repariert oder gewaschen werden.

Nachts im Bus unterwegs

Geht es leer schneller?

Auch wenn nachts niemand mitwill, muss der Busfahrplan eingehalten werden. Deshalb warten Busse manchmal an den Haltestellen, obwohl weit und breit kein Mensch zu sehen ist. Am Tag ist das übrigens genauso. Vielleicht hast du dich schon einmal darüber gewundert, warum der Bus so lange hält.

Taxi, bitte!

Wer nicht auf den Bus warten will, ruft sich ein Taxi. Das geht so: Entweder winkst du eines heran, das gerade vorbeifährt. Ein leeres Taxi erkennst du an dem beleuchteten Taxischild auf dem Dach. Oder du rufst in der Taxizentrale an, dann schickt man dir einen Wagen, der dich abholt.

Die Uhr läuft

Taxifahren ist teurer als ein Busfahrschein. Meistens wird eine Grundgebühr bezahlt. Dazu kommt dann der Preis für den Weg. Er wird entweder nach Fahrzeit oder nach Fahrstrecke berechnet. Wie teuer die Fahrt ist, kannst du an der Taxiuhr ablesen. Sie zeigt dir laufend den Preis an, der zu zahlen ist.

Hilfe anfordern

Fahrerinnen und Fahrer von Bus und Taxi können bei einem Überfall oder einem anderen Notfall über Funk Hilfe anfordern. Sie sind dann entweder direkt mit der Polizei verbunden oder die Funkzentrale leitet ihren Anruf dorthin weiter.

Gefährliche Gäste

In der Regel weiß der Taxifahrer oder die Taxifahrerin vorher nicht, wer ins Auto steigt. Nicht immer sind diese Personen nett. So kommt es hin und wieder vor, dass ein Taxi überfallen wird. Die Kriminellen haben es dann meistens auf das Bargeld, das im Taxi ist, abgesehen.

Nachtwache früher und heute

Früher gab es den Beruf des Nachtwächters. Heute gibt es ihn in dieser Form nicht mehr. In einigen Städten laufen aber trotzdem noch dunkel gekleidete Menschen umher, die sich Nachtwächterin oder Nachtwächter nennen. Und was ist mit denen, die nachts in Parkhäusern oder Pförtnerlogen sitzen und sich genauso bezeichnen?

Nächtliche Stadtführung

In vielen Orten gibt es inzwischen Stadtführungen, die abends stattfinden. Sie werden manchmal von einer als Nachtwächter verkleideten Person geleitet. Du erfährst, wie das Leben früher war, lernst sehenswerte Orte kennen und hörst von den Aufgaben eines Nachtwächters zu damaligen Zeiten.

Das Lied des Nachtwächters

„Hört, ihr Leut', und lasst euch sagen, unsre Glock' hat zehn geschlagen. Gebt acht auf Feuer und auf Licht, damit heute Nacht kein Brand ausbricht."

Nachtwache in vergangenen Zeiten

Die ganze Nacht über ging der Nachtwächter durch die Straßen. Er achtete darauf, dass alle Türen und Tore verschlossen waren, und beschützte die Menschen vor Dieben. Er meldete, wenn irgendwo ein Feuer ausgebrochen war, und rief die Stunden aus.

Die moderne Nachtwache

Heute sitzen Nachtwächter und Nachtwächterinnen in einem kleinen Häuschen, einer Pförtnerloge oder hinter einem Tresen. Von dort aus wachen sie zum Beispiel über ein Firmengelände, öffnen die Schranke für späte Lieferungen oder die Tür für Besuch.

Ganz schön langweilig

In der Regel sind die Nächte ruhig und es ist nicht viel zu tun. Das kann ganz schön langweilig sein. Manchmal hat der Wachdienst deshalb einen kleinen Fernseher an seinem Arbeitsplatz oder er liest ein Buch und löst Kreuzworträtsel.

Viele Studierende verdienen sich ihr Studium mit einem Job in der Nachtwache und nutzen die ruhige Zeit in der Nacht zum Lernen. Wie würdest du dir die Zeit vertreiben?

Nächtlicher Rundgang

Es gibt auch Nachtwächter und Nachtwächterinnen, die in regelmäßigen Abständen ihre Runden über ein Firmengelände, durch ein Museum oder Büroräume drehen.

Auf Pfoten und Schwingen durch die Nacht

Wenn du abends zu Bett gehst, stehen einige Tiere gerade erst auf. Man nennt sie deshalb auch nachtaktiv. Durch die Dunkelheit vor Feinden geschützt, gehen sie auf Beutezug und Nahrungssuche.

Außerdem sind sie mit besonderen Sinnen ausgestattet, sodass sie sich im Dunkeln sehr gut orientieren können.

Wer schnauft des Nachts durchs Unterholz?

Es ist ein Igel. Tagsüber schläft er in seinem Blätternest. Erst mit Beginn der Dämmerung kommt er aus seinem Versteck und begibt sich auf Nahrungssuche in Gärten und auf Wiesen.

Mahlzeit

Auf dem Speiseplan des Einzelgängers stehen Insekten, Schnecken und Regenwürmer. Sein Lieblingsgericht sind Ohrwürmer. Auch sie sind wie die meisten Beutetiere des Igels im Dunkeln aktiv, sodass er normalerweise einen reich gedeckten Tisch vorfindet.

Feind im Anflug

Der Igel hat kaum natürliche Feinde. Das liegt zum einen an seinen wehrhaften Stacheln und der Fähigkeit, sich bei Gefahr zu einer rundum stacheligen Kugel einzurollen. Zum anderen ist er durch die Dunkelheit geschützt. Das alles nützt ihm aber nichts mehr, wenn ein Nachtgreifer wie der Uhu Jagd auf ihn macht. Gegenüber dem schnellen Vogel mit den scharfen Augen hat er keine Chance.

Stachelige Angelegenheit

Bei der Geburt hat ein Igelbaby 100 Stacheln. Sie sind weiß und noch ganz weich. Zehn Tage später sind es schon 300 Stacheln. Diese fallen aus und harte, dunkle Stacheln wachsen nach. Ein ausgewachsener Igel besitzt 6 000 bis 8 000 dieser spitzen Stacheln.

Winterschläfer

Igel halten von November bis April Winterschlaf. Vorher fressen sie sich einen schützenden Speckmantel an. Er bewahrt sie vor Kälte und sorgt dafür, dass sie die lange Zeit ohne Futter überstehen.

Igel fressen sich vor dem Winterschlaf einen Speckmantel an.

Schlürfen, Schmatzen, Schnaufen

Igel sind lautstarke Gesellen. Sie schmatzen und schlürfen beim Fressen und schnaufen und schnüffeln weithin hörbar durchs Gebüsch. Wenn du einen Igel im Garten hast, wirst du ihn in der Nacht hören, bevor du ihn zu Gesicht bekommst.

Besonders laut sind sie in der Paarungszeit im Sommer. Da kannst du sie sogar fauchen und puffen hören, so als würde eine alte Dampflok Fahrt aufnehmen.

Schlechte Augen, Super Nase

Igel sehen nicht besonders gut und kommen doch wunderbar in der Nacht zurecht. Das liegt an ihren ausgezeichneten Ohren und ihrem perfekt ausgebildeten Geruchssinn. Sie hören Töne sogar im Ultraschallbereich. Das kannst du nicht. Und mit ihrer Super-Nase erschnüffeln sie ihre Beute noch in einer Entfernung von bis zu 25 Metern.

Wer kann am besten den Kopf verdrehen?

Es ist die Eule, denn sie kann ihren Kopf um 270 Grad drehen. Das ist so weit, dass sie über die rechte Schulter schauen kann, obwohl sie den Kopf nach links dreht. Wie weit kommst du?

Perfekte Nachtsicht

Eine Eule hat im Verhältnis zum Kopf riesige Augen. Diese sind sehr lichtempfindlich. Dadurch fangen sie noch die kleinste Lichtmenge ein. So ist die Eule bestens gerüstet, um in der Nacht Jagd auf Mäuse oder Frösche zu machen.

Lautloser Flug

Eulen fliegen nahezu geräuschlos, weil ihre Federn am Rand ganz weich sind. Fliegt eine Eule in der Nacht an dir vorbei, würdest du sie nicht hören, sondern nur spüren: als einen fast unheimlichen Hauch.

Ein Waldkauz

Ganz Ohr

Neben den Augen sind es vor allem die Ohren, die der Eule in der Nacht zum Jagdglück verhelfen. Sie befinden sich unterschiedlich hoch am Kopf und ermöglichen dadurch die ganz genaue Ortung der Beute.

Ihr Gesichtsschleier, das ist die besondere Einfassung des Gesichts durch Federn, dient außerdem dazu, die Geräusche zum Ohr zu leiten und zu verstärken.

Leiser Flug

Eulenwohnung

Die nachtaktiven Greifvögel leben in hohlen Baumstämmen, in Scheunen, Kirchtürmen oder auf Dachböden. Dort verschlafen sie den Tag. Da es immer weniger natürliche Nist- und Schlafplätze für sie gibt, nehmen Eulen auch gern künstliche Nistkästen an.

Ein Uhu

Jagdglück

Hat die Eule ein Beutetier erwischt, tötet sie es durch einen Griff mit ihren scharfen Krallen oder mit dem gebogenen Schnabel. Kleinere Tiere verschluckt sie in einem Stück, bei größeren trennt sie zuerst den Kopf ab. Unverdauliche Nahrungsbestandteile wie Haare, Federn oder Knochen würgt sie in Form von Gewöllen wieder aus.

Todesbote oder weiser Vogel?

Die unheimlichen Schreie der Eule und ihr lautloser nächtlicher Flug machten den Menschen früher Angst. So glaubte man, dass sie Krankheit und Tod ankündigen. Die alten Griechen dagegen verehrten die Eule als Vogel der Weisheit.

Wendezehe

Eulen haben an jedem Fuß vier Zehen. Eine dieser Zehen bezeichnet man als Wendezehe, da die Eule sie ganz nach Belieben nach vorn oder nach hinten drehen kann, um sich selbst oder ihre Beute festzuhalten.

Eine Schleiereule

Wer hängt zum Schlafen an den Füßen?

Die Fledermaus hängt sich zum Schlafen mit den Füßen kopfüber an Äste, in Baumhöhlen oder an Dachbalken. So verschläft sie den Tag, bis es mit Einbruch der Dunkelheit Zeit wird, auf die Jagd zu gehen.

Für die Nacht gerüstet

Fledermäuse sind die einzigen Säugetiere, die fliegen können. Sie sind sehr wendig und perfekt an das Leben in der Nacht angepasst. Da ihnen die Augen in der Dunkelheit nicht allzu viel nützen, orientieren sie sich anhand von Geräuschen.

Fliegen mit den Händen

Zwischen den fünf Fingern, dem Körper und den Beinen der Fledermaus ist die Flughaut gespannt. Fledermäuse haben eine Flügelspannweite von bis zu 25 Zentimetern. Klappen sie die Flügel ein, passen sie jedoch noch in die kleinste Ritze.

Echoortung

Fledermäuse orten ihre Beute und Hindernisse auf ihrer Flugroute über Geräusche. Dazu stoßen sie Ultraschallwellen aus. Treffen diese auf Gegenstände oder andere Tiere, prallen sie ab und werfen ein Echo zur Fledermaus zurück. So wissen Fledermäuse jederzeit, wo ihre Beute ist, und können Hindernissen ausweichen.

Insektenliebhaber

Die meisten Fledermäuse ernähren sich von Insekten. Mücken, Nachtfalter oder Käfer stehen auf ihrem Speiseplan. Flughunde, die auch zu den Fledertieren gehören, mögen dagegen Nektar, Pollen und Obst.

Vampire

Fledermäuse, die Blut trinken, kommen nur in Mittel- und Südamerika vor. Allerdings saugen sie kein Blut, sondern lecken es ab, nachdem sie zuvor die Haut von Säugetieren oder von Vögeln angeritzt haben.

Winterschlaf

Fledermäuse halten Winterschlaf. Dazu ziehen sie sich am liebsten in Höhlen oder alte Bergwerke zurück. Wie die Igel fressen sie sich vorher eine Speckschicht an.

Fledermausgarten

Um Fledermäuse bei ihrer nächtlichen Nahrungssuche zu unterstützen, kannst du einen Nachtgarten für sie anlegen. Bestimmte nachtduftende und nachtblühende Pflanzen wie das Gemshorn oder das Nickende Leimkraut locken Nachtfalter an. Bald darauf kannst du in deinem Garten auch Fledermäuse beobachten, die sich dort ihre Insektenmahlzeit holen.

Wer kann prima Mäuse jagen?

Das ist die Hauskatze. Auch sie ist am liebsten in der Nacht unterwegs, um Mäuse oder kleine Reptilien zu jagen. Tagsüber ist sie dann müde und döst auf der Fensterbank oder schläft zusammengerollt an einem kuscheligen Plätzchen.

Rund oder Schmal?

Im Gegensatz zu dir sieht eine Katze auch in der Nacht hervorragend. Das liegt daran, dass ihre Augen wesentlich lichtempfindlicher sind als die Augen von Menschen. Bei Dunkelheit werden sie ganz groß und rund, damit viel Licht hineinfallen kann. Ist es dagegen sehr hell, werden sie zu schmalen Schlitzen.

Tagsüber dösen Katzen oft.

Blinzeln Katzen?

Nur selten, denn sie haben eine Art drittes Augenlid, die Nickhaut. Sie sorgt dafür, dass das Auge auch ohne ständiges Blinzeln ausreichend befeuchtet wird.

Leuchtaugen

Für optimale Nachtsicht befindet sich hinten im Katzenauge eine reflektierende Schicht, das Tapetum lucidum. Das kannst du dir so ähnlich vorstellen wie einen Spiegel. Das einfallende Licht wird von dort noch einmal durch die Netzhaut geschickt.

Die Katze nutzt die Lichtmenge also gleich doppelt. Das Tapetum lucidum ist auch dafür verantwortlich, dass Katzenaugen im Dunkeln leuchten.

Katzen haben sehr lichtempfindliche Augen.

Sieben Leben

Eine Redensart besagt, dass Katzen sieben Leben haben. Das stimmt natürlich nicht, denn sie haben auch nur eins. Allerdings überstehen sie auch Stürze aus großer Höhe, was früher zu der Vermutung führte, Katzen müssten mehr als nur ein einziges Leben haben.

Riechen und Tasten

Katzen sehen nicht nur sehr gut, sie haben auch ausgezeichnete Ohren und können zum Beispiel Mäuse noch in weiter Ferne hören. Außerdem orientieren sie sich nachts über ihre Schnurrhaare. Mit ihnen tasten sie die Umgebung ab und erkennen auch bei völliger Dunkelheit Gegenstände oder andere Tiere.

Fleischfresser

Katzen sind reine Fleischfresser. Sie machen auf ihren Streifzügen bevorzugt Jagd auf Mäuse, an die sie sich ausgesprochen geschickt und nahezu lautlos anschleichen. Ein beherzter Sprung und schon haben sie ihre Mahlzeit unter der Kralle. Manchmal spielen sie noch ein bisschen mit ihrer Beute, bevor sie sie mit einem Biss ins Genick töten.

Wer lässt sich bei Gefahr tief fallen?

Der Feldhamster ist mit seinen kurzen Beinchen kein schneller Läufer. Ist er aber in der Nähe seines Baus, kann er sich durch eine seiner Fallröhren in Sekundenschnelle weit unter die Erde in seine schützende Höhle fallen lassen. Ganz schön schlau!

Hamsterhöhlen

Feldhamster leben allein in weitverzweigten Höhlen mit meterlangen Gängen. Sie bauen sie unter Feldern, die bewirtschaftet werden. Denn dort finden die Hamster genügend Nahrung. Neben einer weich gepolsterten Wohn- und Schlafhöhle gibt es Vorratskammern und einen Raum, der als Toilette dient.

Im Schutz der Dunkelheit

Bis zum Anbruch der Dämmerung schläft der Feldhamster. Dann verlässt er seinen Bau und geht auf die Suche nach Körnern, Hülsenfrüchten, Klee oder Mais. Viele seiner Feinde, wie Katze, Bussard oder Fuchs, sind ebenfalls in der Nacht unterwegs. Der Feldhamster bleibt deshalb meistens in der Nähe seines Baus.

Fraßkreise

Ob ein Hamster unter dem Feld wohnt, erkennst du an den Fraßkreisen, die um die Eingänge seiner Höhlen herum entstehen.

Mutiges Kerlchen

Trifft der Feldhamster auf einen Feind und kann nicht fliehen, stellt er sich auf die Hinterbeine. Er bläst die Backen auf, knirscht mit den Zähnen und knurrt. Hilft das noch nicht, wirft er sich auf den Rücken und zeigt seinen schwarzen Bauch, der wie das Maul eines Raubtieres aussieht.

Hamster hamstern

Feldhamster halten in ihren Höhlen Winterruhe. Um diese Zeit gut zu überstehen, legen sie Vorräte von mehreren Kilogramm Gewicht an. Dazu sammeln sie in ihren Backentaschen Feldfrüchte, die sie in ihren Vorratshöhlen lagern. Zwischen den Schlafphasen fressen sie von diesen Vorräten.

Vom Aussterben bedroht

Früher gab es so viele Feldhamster, dass Jagd auf sie gemacht wurde. Heute sind sie vom Aussterben bedroht, weil die großen Landmaschinen ihre Baue zerstören und die Felder bis auf das letzte Körnchen abernten. So finden die Feldhamster nicht genügend Nahrung, um den Winter zu überstehen.

Winterfest

Hamsterhöhlen, die auch zum Überwintern genutzt werden, liegen bis zu zwei Meter tief unter der Erde. In dieser Tiefe friert die Erde nicht durch.

Wer hat die Gans gestohlen?

Im Kinderlied wird dieser Raub dem Fuchs nachgesagt. Schnell wird er verdächtigt, wenn irgendwo ein Federvieh fehlt. Dabei würde auch der Marder oder der Iltis zu solch einer Mahlzeit nicht Nein sagen.

Schlauer Fuchs

Seinen Ruf verdankt der Fuchs sicherlich auch der Tatsache, dass er gut mit der Nähe zu Menschen zurechtkommt und sehr anpassungsfähig ist. Schnell findet er heraus, wo die besten Futterquellen und Verstecke sind.

Er kennt sein Revier in- und auswendig und lernt schnell, dass ihm von einem Jäger Gefahr droht, von einem Wanderer dagegen nicht.

Lieblingsspeisen

Füchse sind Allesfresser. Auf ihrer Hitliste der Beutetiere stehen Mäuse an oberster Stelle. Außerdem mögen sie Regenwürmer, Schnecken, Vögel und deren Eier, Frösche und Früchte, aber auch Aas.

Nächtlicher Streifzug

Obwohl er meistens nachts unterwegs ist, wenn du schon schläfst, ist eine Begegnung mit einem Fuchs nicht ausgeschlossen. Immer näher wagt sich der rote Räuber an Wohnsiedlungen heran und durchwühlt dort Abfallhaufen und Gärten nach Essbarem.

Hören wie ein Fuchs

Für sein aktives Leben in der Nacht ist der Fuchs bestens gerüstet. Er kann sehr gut hören. Mit seinen drehbaren Ohren ortet er jedes raschelnde Mäuschen in der Umgebung. Zusätzlich hat er eine Super-Nase und kann 400-mal besser riechen als du. Füchse sehen ähnlich gut wie Katzen.

Füchse verkriechen sich tagsüber meistens.

Höhlenleben

Tagsüber verkriecht sich der Fuchs meist zum Schlafen unter Hecken oder auch in seinem Bau. Den gräbt er nicht unbedingt selbst – gern nutzt er bereits vorhandene Höhlen von Dachsen und Kaninchen, die er bei Bedarf erweitert.

Fuchsolympiade

Füchse sind wahre Sportskanonen! Sie können bis zu zwei Meter hoch und bis zu fünf Meter weit springen. Sie können schwimmen, auf kurzen Strecken 50 Kilometer pro Stunde schnell laufen und schaffen es, sich in winzige Löcher zu quetschen.
Das musst du erst einmal nachmachen!

Wohngemeinschaft

Es kommt auch vor, dass Füchse, Dachse und sogar Kaninchen friedlich nebeneinander in einem gemeinsamen großen Bau leben. Solange sie dort unter der Erde sind, herrscht Burgfrieden, das heißt, sie vertragen sich. Erst außerhalb des Baus wird dann wieder Jagd aufeinander gemacht.

Wer bringt Licht ins Dunkel?

Ein Glühwürmchen leuchtet dir im Dunkeln. Wobei der Name „Würmchen" in die Irre führt, denn das Tier, das dort in deinem Garten Licht macht, ist in Wirklichkeit ein Käfer.

Leuchtkäfer

Weltweit gibt es mehr als 2000 unterschiedliche Arten von Leuchtkäfern, von denen die meisten Lichtsignale aussenden. Wie diese Signale aussehen, unterscheidet sich dabei je nach Käferart. Einige von ihnen senden ununterbrochen Licht, andere blinken oder machen zwischendurch mal längere Pausen.

Licht herstellen

Glühwürmchen stellen ihr eigenes Licht her. Sie müssen dafür nicht von der Sonne oder einer anderen Lichtquelle angestrahlt werden. Deine Leuchtsterne über dem Bett leuchten dagegen nur, wenn sie sich vorher mit Licht aufgeladen haben. Dieses Licht geben sie dann in der Dunkelheit wieder ab.

Biolumineszenz

Unter Biolumineszenz versteht man die Fähigkeit eines Lebewesens, durch eine chemische Reaktion im Körper selbst Licht zu erzeugen.

Licht an!

Gehst du in einer Sommernacht zwischen 22 und 24 Uhr in den Garten, hast du die besten Chancen, die Käfer beim Leuchten zu erwischen. Die nachtaktiven Insekten nutzen die Dunkelheit, um durch ihr Leuchten einen Partner anzulocken. Tagsüber könnten sie zwar auch leuchten, allerdings würde es dann niemand sehen, denn dafür leuchten sie nicht hell genug.

Im Anflug

Da die meisten Weibchen nicht fliegen können, klettern sie bei Anbruch der Dunkelheit auf Pflanzen oder Bäume. Von dieser erhöhten Position aus locken sie die fliegenden Männchen an, die in etwa einem Meter Flughöhe unterwegs sind. Das kannst du dir so ähnlich vorstellen wie eine Fluglotsin, die dem Piloten die Position für die Landung angibt.

Licht aus!

Das Männchen stirbt bereits kurz nach der Paarung, das Weibchen einige Tage darauf, nachdem es die befruchteten Eier abgelegt hat. Viele Glühwürmchen sterben aber schon vor der Paarung, denn für Echsen, Frösche oder auch für Vögel sind sie eine leckere Mahlzeit.

Leuchtende Larven

Die Larven können auch schon leuchten. Damit signalisieren sie ihren Fressfeinden, dass sie nicht lecker sind: Hände weg von leuchtendem Futter!

Wer knabbert gern an Autos?

Der Steinmarder macht sich dort zu schaffen. Er versteckt sich sehr gern in den Motorzwischenräumen und findet vermutlich auch die Restwärme von gerade geparkten Fahrzeugen sehr kuschelig.

Kabelbiss

Marder markieren ihr Revier. Steht euer Auto in einem Marderrevier, wird es ebenso markiert. Will ein anderer Marder nun das gleiche Gebiet für sich und riecht die bereits angebrachte Duftspur des ersten Marders, wird er so wütend, dass er die Kabel und die Isolierungen zerbeißt.

Wenn ihr Pech habt, lässt sich das Auto am nächsten Morgen nicht mehr starten und muss in die Werkstatt.

Nächtlicher Poltergeist

Da der Steinmarder gern in der Nähe von Menschen wohnt, kannst du ihn gut beobachten. Das nachtaktive Tier richtet sich oft auf Dachböden ein. Verlässt der Marder seinen Unterschlupf mit Beginn der Dämmerung oder kehrt er im Morgengrauen zurück, macht er meistens reichlich Krach.

Die Familie der Marder

Fischotter, Dachs, Mauswiesel, Vielfraß, Baummarder oder Steinmarder: Sie gehören alle zur Familie der Marder, die um die 20 Gattungen mit 58 verschiedenen Arten umfasst.

Steinmarder lieben Eier.

Allesfresser

Der Steinmarder ist nicht besonders wählerisch in Bezug auf seine Mahlzeiten. Meistens frisst er Fleisch. Er fängt Mäuse, kleine Vögel, aber auch Insekten. Besonders gern mag er Eier. Er würde aber auch den Napf deiner Katze leer fressen, wenn er dazu Gelegenheit hätte.

Nase voraus, Ohren auf

Marder haben sehr gut ausgeprägte Sinne. Am besten können sie riechen und hören. Um möglichst viele Gerüche und Geräusche einzufangen, richten sie sich auf und erkunden so ihre Umgebung. Haben sie ihre Beute entdeckt, schleichen sie sich lautlos an und schlagen blitzschnell zu.

Hühnermörder

Bricht ein Marder in einen Hühnerstall ein, tötet er dort oft alle Tiere, obwohl er gar nicht so viele fressen kann. Der Grund dafür ist ein Tötungsreflex, der von den aufgeregt umherflatternden Hühnern ausgelöst wird.

Sich dünn machen

Wird der Steinmarder selbst angegriffen, flüchtet er in schmale Felsspalten oder Höhlen. Dort kann ihn weder die Eule noch der Fuchs erwischen, denn er kann sich erstaunlich dünn machen und sich so auch noch durch die schmalsten Ritzen quetschen.

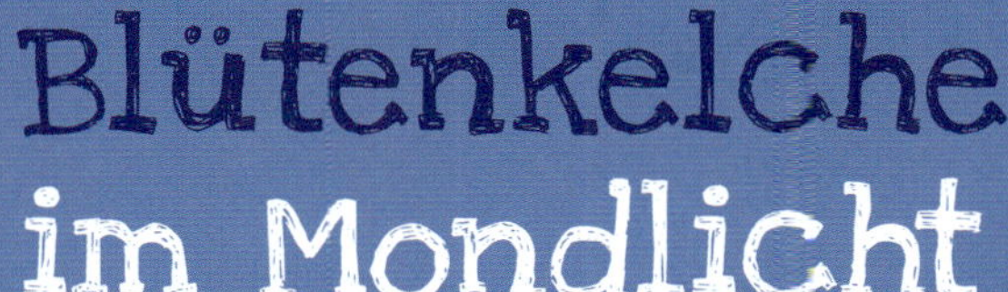

Blütenkelche im Mondlicht

Die meisten Pflanzen öffnen ihre Blüten tagsüber, wenn Bienen und andere Insekten unterwegs sind, um sie zu bestäuben. Es gibt aber auch solche, die nachts ihre Kelche öffnen. Sie locken mit ihrem Duft Nachtfalter und dadurch auch Fledermäuse an.

Einige Blumen, wie die Nachtkerze oder die Mondwinde, geben dir schon durch ihren Namen einen Hinweis darauf, wann sie am schönsten sind.

Düfte wie aus der Backstube

Düfte von Nelken, Vanille, Marzipan und Schokolade ziehen nachts durch die Luft. Backt dort etwa schon jemand Weihnachtskekse? Nein. Die Kuchendüfte kommen eindeutig aus dem Garten. Folge deiner Nase, dann entdeckst du rankende Gewächse und trompetenförmige Blüten.

Warum duften manche Blumen in der Nacht?

Nachtduftende Pflanzen locken mit ihrem verführerischen Duft Nachtfalter an. Da diese Insekten auch erst in den Abendstunden und in der Nacht unterwegs sind, hätte es keinen Sinn, schon am Tag zu duften.

Die Drüsen dieser Pflanzen, in denen sich der Duftstoff befindet, bleiben deshalb tagsüber verschlossen. In den Abendstunden öffnen sie sich dann.

Nur für Langrüssler

Die Blüten dieser Pflanzen sind lang und röhrenförmig. Durch diese Form locken sie vor allem eine besondere Art von Nachtfaltern an, die sogenannten Schwärmer mit langen Rüsseln.

Ab in die Pfeife?

Ziertabak zählt zwar zu den Tabakpflanzen, wird aber, wie der Name schon sagt, nur zu Zierzwecken angebaut. Spät nachmittags öffnet er seine Blüten. Er duftet sehr intensiv und erinnert dann an Nelken. Von Weiß über Grün bis hin zu verschiedenen Rottönen reicht seine Farbpalette.

Ziertabak

Sternbalsam oder Nachtphlox?

Hinter beiden Namen verbirgt sich ein und dieselbe Pflanze. Am Tag kannst du sie recht leicht übersehen, denn sie wird nur ungefähr 30 Zentimeter hoch. Auch die kleinen sternförmigen Blüten, die am Tage geschlossen sind, wirken eher unscheinbar. Ihr Duft beeindruckt schon eher, denn sie riecht lecker nach Marzipan und Vanille.

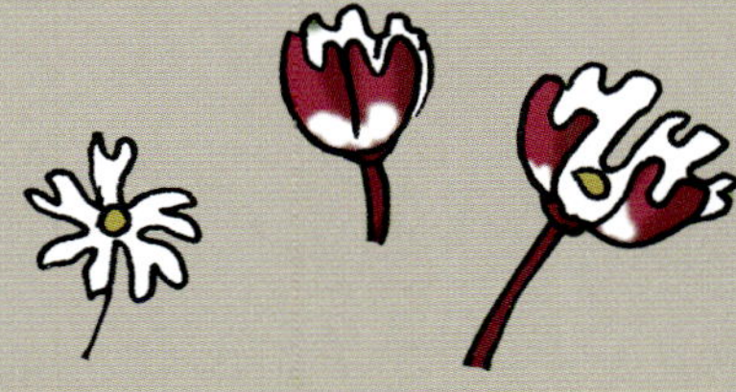

Nachtphlox

Eine ganz besondere Mischung

Auch die Gichtpelargonie bringt weihnachtliche Gerüche in den Garten. Ihre gelbgrünen Blüten duften nach Marzipan in Kombination mit Banane.

Hoch hinaus

Der Schokoladenwein hat seinen Namen von seinem Duft nach Schokolade. Du findest ihn auch unter dem Namen Klettergurke oder Akebia, das ist seine wissenschaftliche Bezeichnung.

Die Kletterpflanze mit den lila Blüten braucht wie anderer Wein auch eine Rankhilfe zum Wachsen. Diese Art kann bis zu zwölf Meter hoch werden. Im Herbst sind ihre Früchte reif. Sie schmecken leicht süßlich, aber kein bisschen nach Schokolade.

Schokoladenwein, auch als Klettergurke oder Akebia bekannt

Weiße Blüten in schwarzer Nacht

Wenn sich der Abend über den Garten senkt, verblassen die Farben der Blumen. Achte einmal darauf, welche Farben zuerst „unsichtbar" werden. Grün, Blau und Rot wirst du in der Dämmerung bald nicht mehr voneinander unterscheiden können. Danach folgen Rosa und Hellblau. Am längsten sichtbar bleiben Weiß, Beige und sehr helle Pastelltöne.

Strahlkraft

Je heller die Blüte, desto besser ist sie nachts sichtbar. Das ist besonders für die Pflanzen wichtig, die Insekten nicht oder nicht nur über den Duft anlocken können. Den weißen, hellgelben oder cremefarbenen Blüten genügt schon ein wenig Mondlicht oder das Licht einer entfernten Straßenlaterne, um im Dunkeln aufzufallen.

Die weiße Mondwinde wird auch Mondblume genannt.

Kleine Vollmonde

Die Mondwinde hat meist schneeweiße, kreisrunde Blüten, die bis zu 15 Zentimeter im Durchmesser groß werden können. In den Abendstunden öffnen sie sich wie im Zeitraffer und hängen dann wie kleine Vollmonde an den dichten Blättern.

Reflektierende Blüten

Helle Blüten reflektieren kleinste Lichtmengen. Das heißt, sie werfen das Licht, das auf sie fällt, wieder in die Umgebung zurück.

Blüte auf, Blüte zu

Du kannst zusehen, wie sich die Blüten entfalten und schon einmal schnuppern. Denn mit dem Öffnen der Blüte beginnt die Mondwinde auch zu duften. Vor Tagesanbruch schließen sich die Blüten wieder. Mit ihnen wird auch der Duft eingeschlossen – bis zur nächsten Nacht.

Bunte Prunkwinden blühen tagsüber.

Garten der Düfte

In besonders warmen Regionen legten die Menschen schon vor Jahrhunderten Duftgärten an. In ihnen wuchsen nachtduftende Pflanzen, denn erst dann waren die Temperaturen so angenehm, dass man in den Gärten spazieren wollte.

Ausgetrickst

Willst du die Blüten der Mondwinde auch am Tag bewundern, musst du für einen schattigen Standort sorgen. Die zarten Blüten vertragen nämlich keine direkte Sonne. Ist der Tag aber trübe genug, schließen sie sich erst um die Mittagszeit.

Ein moderner Nachtgarten in Singapur

Eine Einladung für die Fledermaus

Wie wäre es, wenn du dir deinen Garten mit Fledermäusen teilst? Keine Sorge, dazu musst du keinen Teil abtrennen, denn ihr nutzt den Garten zu unterschiedlichen Zeiten. Tagsüber tobst und spielst du dort und nachts holt sich die Fledermaus ihr Futter. Du kannst ihr helfen, damit ihr Tisch reich gedeckt ist.

Falterfutter

Viele Insekten werden von Pflanzen angelockt, die gut duften und viel Nektar zu bieten haben. Dazu zählen auch nachtduftende Pflanzen, die deswegen von Nachtfaltern angeflogen werden. Sie sind das Leibgericht der Fledermäuse, die den Faltern in deinen Garten folgen.

Auf den Leim gegangen

Das Abendduft-Leimkraut und das Nickende Leimkraut locken mit ihren Düften nach Marzipan und Hyazinthe nach Sonnenuntergang Falter an. Den Namen verdanken die Kräuter den in ihnen enthaltenen Schleimstoffen.

Ein Haus für die Fledermaus

Um Fledermäuse in deinen Garten zu locken, brauchen sie dort nicht unbedingt eine Wohnung. Für ein paar leckere Falter fliegen sie auch ein Stück. Wenn du ganz sichergehen möchtest, kannst du ihnen aber auch einen Unterschlupf bauen.

Nickendes Leimkraut

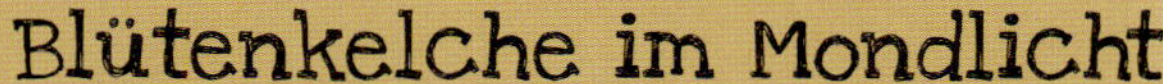

Gämsen im Garten

Das Gemshorn ist eine eher unscheinbare Pflanze. Doch wenn sie mit Beginn der Nacht ihre Blüten öffnet, verzaubert sie mit ihrem weihnachtlichen Duft Mensch und Insekt. Ihren Namen hat die Pflanze von der Form ihrer Samenschoten. Sie sehen wie das gebogene Horn einer Gämse aus.

Abendlevkoje

Ist das abgestorbenes Gras?

Das könntest du denken, wenn du tagsüber die Abendlevkoje siehst. Doch so unauffällig sie am Tage ist, so würzig duften ihre zartrosa oder lila Blüten, wenn sie sich nach Sonnenuntergang öffnen.

Ein Licht in der Nacht

Die Nachtkerze blüht nur kurz. In der Dämmerung erblüht sie und am Mittag darauf ist sie wieder verblüht. Den Nachtfaltern reicht diese Zeitspanne, um sie zu bestäuben und den süßen Nektar zu kosten. Besonders häufig ist der Nachtkerzenschwärmer an ihren Blüten zu beobachten.

Rasante Blüte

Um der Nachtkerze beim Öffnen zuzusehen, brauchst du nur wenig Zeit. Innerhalb einer Minute hat sie ihre Blüte komplett geöffnet. So schnell ist kaum eine andere Blume.

Blühende Nachtkerze

Eine Nacht in Uromas Garten

Früher gab es viel mehr Nutzgärten als heute. In ihnen wurden Obst, Gemüse und Kräuter für den Eigenverbrauch angepflanzt. Oft gab es aber auch ein Plätzchen zum Ausruhen und Entspannen. Dort wuchsen häufig abend- oder nachtduftende Pflanzen, damit die Bewohner nach getaner Arbeit auch noch Gartendüfte schnuppern konnten.

Uromas Duftlaube

Würdest du deine Urgroßeltern nach ihrer Lieblingspflanze für den Sitzplatz in den Abendstunden fragen, würden sie dir vielleicht zwei Namen nennen: Geißblatt und Jelängerjelieber. Beide Namen meinen dieselbe Pflanze. Abends duftet sie sehr verführerisch.

Das Gartengeißblatt

Klettern wie eine Geiß

Das Gartengeißblatt kann mehrere Meter hoch werden. Deshalb wurde es häufig zur Begrünung von Lauben genutzt, den sogenannten Geißblattlauben. Weil es nicht nur gut riecht, sondern auch sehr schön ist, bekam es zusätzlich den Namen Jelängerjelieber: Je länger man es anschaut, desto lieber wird es einem.

Rubens und seine Verlobte in der Geißblattlaube

Verliebt in der Geißblattlaube

Der flämische Maler Peter Paul Rubens (1577–1640) malte sich selbst und seine Verlobte in einer Geißblattlaube. Die Pflanze galt damals als Sinnbild für ewige Treue.

Die Waschpflanze

Auch das Seifenkraut duftet nachts am stärksten. Das war aber nicht Uromas einziger Grund, die Pflanze anzubauen. Sie räumte ihr ein Fleckchen ein, weil sich aus der Wurzel Seife herstellen lässt. Zerkleinert und eingekocht lösen sich aus ihr die Waschsubstanzen.

Das Rote Seifenkraut

Nachtschattengewächse

Der Name verwirrt, denn Nachtschattengewächse wachsen genauso am Tag wie andere Pflanzen auch. Einige dieser Pflanzen, wie der Schwarze Nachtschatten, können durch ihren Geruch jedoch Kopfschmerzen und schlechte Träume auslösen. Das mittelalterliche Wort für Albträume war Nachtschaden und daraus wurde im Laufe der Jahre Nachtschatten.

Essbare Nachtschattengewächse

Nachtschattengewächse findest du in jedem Gemüsegarten. Paprika, Tomaten und Kartoffeln, aber auch Auberginen und Chilis zählen dazu.

Vorsicht, giftig!

Auch die Engelstrompete gehört zu den Nachtschattengewächsen, essbar ist sie aber nicht. Ganz im Gegenteil: Alle Pflanzenteile sind giftig! Und schnuppere besser nicht an ihr, wenn sie abends und nachts ihre Blüten öffnet und duftet.

zzzZZZZZ

Nächtliche Gehirne und Geräusche

Wenn du nachts schläfst, schläft dein Körper nicht ganz. Ein Teil deines Gehirns ist zum Beispiel noch wach und erzeugt Gefühle und Bilder. Dein Herz schlägt, du atmest und wenn du gerade einen Schnupfen hast, schnarchst du vielleicht sogar.

Filme in der Nacht

Alle Menschen träumen, aber nicht alle können sich am nächsten Tag daran erinnern. Manchmal ist nur ein schönes Gefühl beim Aufwachen übrig, ein anderes Mal kannst du den ganzen Film erzählen, der sich in deinem Kopf abgespielt hat. Aber wo kommen Träume eigentlich her?

Reine Kopfsache

Träume entstehen, weil dein Gehirn in der Nacht die Erlebnisse des Tages verarbeitet. Das können Begegnungen mit Menschen sein, Sachen, die du gelernt hast, aber auch zukünftige Momente, vor denen du dich vielleicht fürchtest, wie die große Klassenarbeit.

Träume über Träume

Nachts träumst du fünf- bis sechsmal. Jeder Traum ist dabei anders. Erinnern kannst du dich aber meistens nur an den letzten Traum vor dem Aufwachen.

Schlafhäppchen

Manchmal schläfst du ganz tief und bist kaum zu wecken. Ein anderes Mal wirst du beim kleinsten Geräusch wach. Das hängt mit den verschiedenen Schlafphasen zusammen, die jeder Mensch jede Nacht durchläuft. Eine Phase dauert ungefähr 90 Minuten. In ihr wechseln sich Tiefschlaf, leichterer Schlaf und Traumphasen ab.

Traumzeit

Die Phasen, in denen du träumst, werden in der Wissenschaft REM-Phase genannt. „REM" ist die Abkürzung für die englische Bezeichnung „rapid eye movement". Das bedeutet „schnelle Augenbewegung", denn in dieser Schlafphase bewegen sich die Augen hinter dem Lid ganz schnell hin und her, etwa weil du im Traum jemandem hinterherschaust.

Traumtagebuch

Kurz nach dem Aufstehen war dein Traum noch ganz deutlich. Aber schon nach dem Frühstück kannst du dich nicht mehr daran erinnern. Das geht den meisten Menschen so. Träume sind sehr flüchtig.

Willst du dir die tollen Traumabenteuer merken, kannst du sie direkt nach dem Aufwachen aufschreiben. Falls dir das zu mühsam ist, erzähle sie jemandem. Auch dann bleiben sie länger im Gedächtnis.

Wovon Katzen träumen

Wahrscheinlich träumen auch Katzen davon, was sie tagsüber erlebt haben, wie zum Beispiel von der gefangenen Maus. Genau weiß das aber niemand. Sicher ist nur, dass sie träumen, denn auch bei ihnen bewegen sich die Augen hinter den Lidern im Schlaf.

Horrorfilme im Kopf

Nicht immer träumen wir gut. Manchmal haben wir auch schlechte Träume. Bist du auch schon einmal nachts aus einem bösen Traum hochgeschreckt, hattest Angst und konntest nicht mehr einschlafen? Dann hattest du einen Albtraum. Woher kommen diese nächtlichen Horrorgeschichten?

Träume würfeln

Träume, die guten wie die schlechten, entstehen in deinem Gehirn. Dort werden Dinge, die du erlebt hast, neu kombiniert, also zusammengesetzt. Das kannst du dir so ähnlich vorstellen wie beim Würfeln: Du weißt zwar, welche Würfel im Würfelbecher sind, aber nicht, welche Zahlen du gleich würfeln wirst.

Im Traum werden Erlebnisse und Gefühle bunt zusammengewürfelt.

Albtraumfabrik

Zusammen mit den Erlebnissen kommen auch noch Gefühle wie Angst, Scham, Wut oder Ärger mit in den Becher. Weil nachts vor allem die Teile im Gehirn arbeiten, die für die Gefühle zuständig sind, erscheinen auch die unangenehmen Gefühle im Traum so besonders furchterregend.

Albtraum oder nicht?

Wenn du dich kurz vor dem Schlafengehen ärgerst oder fürchtest, kommt es wahrscheinlich häufiger vor, dass du schlecht träumst. Denn die Gefühle, die du kurz vor dem Zubettgehen hast, haben großen Einfluss auf deine Träume.

Immer derselbe Traum

Es gibt Elemente in Albträumen, die besonders häufig wiederkehren. Viele Menschen träumen zum Beispiel, dass sie verfolgt werden, aber nicht von der Stelle kommen. Sie möchten schreien, bringen aber keinen Ton heraus. Oder sie fallen, fallen und fallen und der Sturz hört gar nicht auf.

Indianische Kulturen glauben, dass solche Traumfänger böse Träume einfangen.

Dem Schrecken ein Ende

Wie gut, dass du, wie jeder andere Mensch, aus dem schlechten Traum aufwachen kannst. Noch besser wäre es aber, gar nicht erst so erschreckt zu werden. Oft hilft es schon, vor dem Schlafen keine allzu spannenden Bücher zu lesen oder gruselige Filme anzusehen.

Albtraum oder Elfentraum?

Früher glaubten die Menschen, dass sie schlecht träumen, weil ihnen nachts Elfen auf der Brust sitzen und ihnen die Luft abdrücken. Der alte deutsche Name für „Elfe" oder „Elf" war „Alb". So entstand das Wort „Albtraum".

Die Traumherrschaft übernehmen

Hast du immer denselben schrecklichen Traum, kannst du dir, wenn du wach bist, auch einen anderen Verlauf ausdenken. Stell dir zum Beispiel vor, wie du das Monster besiegst oder wie sich dein Fallschirm öffnet und du sanft zur Erde gleitest, anstatt zu fallen.

Mit Nachtmütze auf dem Dachfirst

Auf alten Bildern sehen so die Menschen aus, die schlafwandeln: Die Arme nach vorn ausgestreckt, balancieren sie im Mondschein auf dem Dach. Heute trägt niemand mehr eine Nachtmütze und die meisten schlafenden Menschen schaffen es auch nicht bis auf das Dach. Schlafwandlerinnen und Schlafwander gibt es aber schon.

Nachts barfuß unterwegs

Mitten in der Nacht steigen schlafwandelnde Menschen aus dem Bett und wandern durch Haus oder Wohnung. Manchmal dauert das nur ein paar Minuten, manchmal aber auch bis zu einer halben Stunde.

Pssst!

Wenn du jemandem begegnest, der schlafwandelt, solltest du ihn nicht wecken. Die Person könnte sich erschrecken und sich dadurch verletzen. Nimm sie lieber vorsichtig bei der Hand und führe sie langsam ins Bett.

Schlafwandeln alle Menschen?

Zum Glück nicht. Das wäre sonst ein ganz schöner Betrieb in der Nacht. Schlafwandeln kommt besonders häufig bei Kindern und Jugendlichen vor, weil bei ihnen das Gehirn und die Nerven noch nicht vollständig entwickelt sind. Bei Erwachsenen ist das nächtliche Umherstreifen nur noch ganz selten.

Bist du wach?

Nicht alle Menschen, die schlafwandeln, stehen aus dem Bett auf. Es kann auch sein, dass sie sich nur hinsetzen und herumschauen. Du könntest dann sogar mit der Person reden und vermutlich antwortet sie dir auch. Dass sie schlafwandelt, erkennst du an dem starren Blick. Wenn du sie am nächsten Tag darauf ansprichst, kann sie sich an nichts erinnern. Das ist beim Schlafwandeln immer so.

Schlafendes Gehirn, wacher Körper

Menschen, die vom Schlafwandeln betroffen sind, haben eine Art Aufwachstörung. Der Übergang von der Tiefschlafphase in die Wachphase funktioniert bei ihnen nicht richtig. Ihr Körper ist schon wach, das Gehirn schläft aber noch tief und fest.

Voll gefährlich!

Wenn du schlafwandelst, nimmst du deine Umgebung nicht richtig wahr und erkennst gefährliche Situationen nicht. Man bringt sich deshalb oft unbeabsichtigt in Gefahr.

Manche verlassen das Haus, steigen über Balkongeländer oder stolpern über Gegenstände, wenn sie schlafwandeln. Es kommt sogar vor, dass sie sich die Finger am Herd verbrennen, weil sie nachts kochen, ohne es zu wissen.

Baumstämme im Bett

Von Menschen, die laut schnarchen, wird gern behauptet, dass sie nachts ganze Baumstämme durchsägen. Ein Geräusch, so laut wie eine Motorsäge. Wenn du mit jemandem im selben Zimmer schlafen musst, der schnarcht, machst du vielleicht die ganze Nacht kein Auge zu.

Papa schnarcht, Mama nicht

Häufig ist es wirklich so, dass Männer mehr schnarchen als Frauen. Das hat etwas mit den Hormonen im Körper zu tun. Erst wenn Frauen älter werden und sich die Hormone in ihrem Körper verändern, schnarchen auch sie mehr. Kinder schnarchen eher selten.

Konzert im Kinderzimmer

Wenn Kinder schnarchen, kann das mehrere Ursachen haben. Sie haben vielleicht Schnupfen oder zu große Mandeln, die der Luft den Weg versperren.

Wo kommt der Krach her?

Das nervende Geräusch entsteht hinten im Rachenraum. Dort befindet sich das Gaumensegel. Es wird auch Zäpfchen genannt. Du kannst es sehen, wenn du vor dem Spiegel den Mund ganz weit aufmachst.

Im Schlaf entspannt sich die ganze Muskulatur. Das Gaumensegel und die seitlichen Muskeln im Mund werden ganz schlaff und flattern in der ein- und ausströmenden Luft.

Kinder schnarchen nur selten.

Nur laut oder auch gefährlich?

Bei manchen Menschen setzt beim Schnarchen die Atmung aus. Das heißt, sie holen für längere Zeit keine Luft mehr. Dann wird der Körper nicht mehr ausreichend mit Sauerstoff versorgt. Wissenschaftler sprechen dann von einer Schlafapnoe. Sie muss behandelt werden, weil sie lebensbedrohlich sein kann.

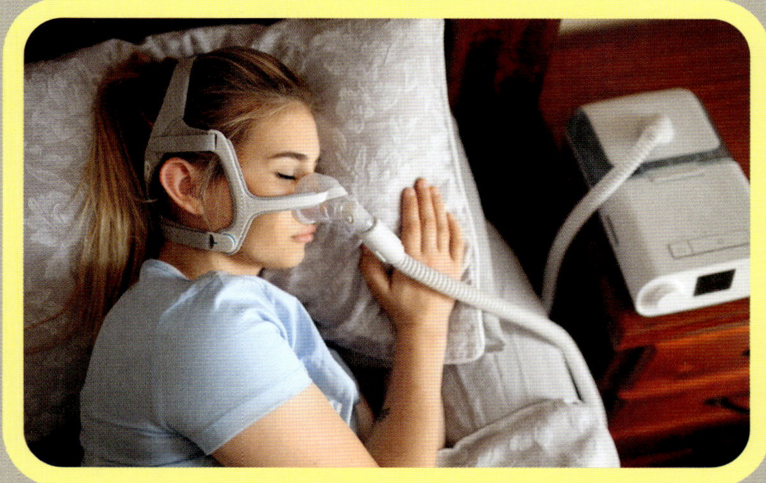

Schlafapnoe kann man mit solchen Masken behandeln.

Schluss mit Schnarchen

Es gibt viele Dinge, die gegen das Schnarchen helfen sollen: Nasenpflaster, Nasenklammern, Nackenkissen, in den Schlafanzug eingenähte Tennisbälle, die verhindern, dass man sich im Schlaf auf den Rücken dreht, Pillen, Pflästerchen und allerlei anderes.

Ich doch nicht!

Wenn du schnarchst, merkst du das meistens nicht. Deshalb streiten die meisten Menschen ab, dass sie nachts nervige Geräusche machen.

Lärmstopp

Die meisten Dinge helfen aber nicht. Vor allem dir nicht, wenn du mit einer Schnarcherin oder einem Schnarcher im selben Zimmer schlafen musst. Da helfen nur die guten alten Ohrstöpsel. Mit ihnen lässt du den Lärm aus dem Nachbarbett gar nicht erst in deine Ohren rein.

Die meisten Dinge helfen nicht gegen das Schnarchen.

Keine Nacht wie jede andere

Es gibt Nächte, die sind etwas ganz Besonderes. Deshalb werden sie gefeiert. Einige, wie Mittsommer, nur in bestimmten Ländern, andere, wie Silvester, auf der ganzen Welt.

In manchen Nächten treiben aber auch Hexen und Geister ihr Unwesen. Häufig wird getanzt und manchmal gibt es sogar Geschenke. Aufzubleiben und mitzufeiern macht sicher auch dir viel Spaß.

Mit dem Besen auf den Berg

Kennst du Bibi Blocksberg oder das Buch „Die kleine Hexe“ von Otfried Preußler (1923–2013)? Falls ja, dann weißt du sicher auch, dass sich die Hexen in der Walpurgisnacht auf dem Brocken, das ist ein Berg im Harz, versammeln und feiern. Den Berg gibt es wirklich, die Walpurgisnacht auch. Und die Hexen?

Hexen im Anflug

Der Sage nach treffen sich die Hexen jedes Jahr in der Nacht vom 30. April auf den 1. Mai auf dem Hexentanzplatz bei Thale, einer Stadt im Harz in Deutschland. Von dort fliegen sie gemeinsam auf Besen oder Mistgabeln auf den Brocken.

Wildes Hexentreiben

Zusammen mit dem Teufel, ihrem Meister, feiern sie auf dem Brocken ein wildes Fest. Sie tanzen und springen um das Feuer und erhalten vom Teufel neue Zauberkräfte. Erst wenn der Tag anbricht, hat der Spuk ein Ende.

Auf dem Brocken

Der Brocken ist mit 1141 Metern der höchste Berg im Harz. Er wird auch Blocksberg genannt und ist ein beliebtes Ausflugsziel.

Moderne Hexen

Auch heute noch treffen sich in der Walpurgisnacht auf dem Brocken jede Menge Hexen und Teufel. Du brauchst aber keine Angst davor zu haben, denn sie sind nur verkleidet und haben überhaupt keine Zauberkräfte.

Tanz in den Mai

An vielen Orten in Deutschland wird in der Walpurgisnacht gefeiert. Bei euch auch? Der Mai wird mit Feuer, Tanz und Gesang begrüßt. Ist das Feuer weit genug heruntergebrannt, springen Verliebte Hand in Hand darüber. Lassen sie sich dabei nicht los, sollen sie der Legende nach noch lange zusammen glücklich sein.

Hexen und Heilige

Namensgeberin für die Walpurgisnacht war die Klostervorsteherin Walpurga (710–779) oder auch Walpurgis oder Walburga. Ihr Namenstag ist am 1. Mai, und das ist auch das Datum ihrer Heiligsprechung. Sie soll mehrere Wunder vollbracht haben und gilt unter anderem als Schutzpatronin gegen böse Geister.

Schabernack oder doch Zauberei?

In manchen Gegenden ziehen Kinder in der Dunkelheit umher und spielen den Erwachsenen kleine Streiche. Sie verstecken Schlüssel oder bringen Dinge durcheinander.

Wo wird die Nacht zum Tag?

In Schweden und einigen anderen nördlichen Ländern wird ein Tag um die Sommersonnenwende herum mit einem großen Fest gefeiert: dem Mittsommerfest. Häufig kommen dann die Familienmitglieder aus dem ganzen Land zusammen, um gemeinsam den längsten Tag des Jahres zu feiern.

Langer Tag – kurze Nacht

Am 21. Juni beginnt auf der nördlichen Erdhalbkugel der Sommer. Es ist Sommeranfang oder Sommersonnenwende. An diesem Tag steht die Sonne am längsten am Himmel und die Nacht ist am kürzesten.

Mittsommertanz

Weiße Nächte

Die kurzen Nächte rund um den 21. Juni nennt man auch Weiße Nächte, weil die Sonne nur kurz oder auch gar nicht mehr untergeht. Je weiter du im Norden bist, desto kürzer ist es dann dunkel.

Wann ist Mittsommer?

Neben Weihnachten ist Mittsommer das wichtigste Fest in Schweden. Der Mittsommertag wird dort immer an dem Samstag gefeiert, der dem 21. Juni am nächsten ist.

Der Mittsommerabend ist der Abend vor Mittsommer. Er fällt deshalb immer auf einen Freitag. Viele Geschäfte haben dann zu und die Menschen fahren zum Feiern aufs Land.

Mädchen in Mittsommertracht

Ein ganz besonderer Baum

Zu Mittsommer schmückt man in Schweden eine lange Stange mit Blättern und Blumen. Anschließend wird der Mittsommerbaum aufgerichtet und alle tanzen im Kreis um ihn herum. Besonders viel Spaß haben alle bei einem Tanz, zu dem ein Kinderlied über einen Frosch gesungen wird. Selbst die Erwachsenen hüpfen dazu dann quakend umher.

Schwedisches Festmahl

Lädt man dich zum Mittsommerfest ein, bekommst du neue Kartoffeln und Sil, das ist eingelegter Hering, serviert. Dazu gibt es noch Knäckebrot und Käse und zum Nachtisch frische Erdbeeren mit Sahne.

Das Blumenorakel

Früher glaubte man, dass die Mittsommernacht magisch ist. Aus dieser Zeit stammt der Brauch, dass die Mädchen Blumen pflücken, um zu erfahren, wen sie später einmal heiraten werden.

Sieben Sorten von sieben verschiedenen Wiesen sollten es möglichst sein. Sie kommen unter das Kopfkissen. Im Traum soll ihnen dann ihr zukünftiger Mann erscheinen. Wer das ist, bleibt natürlich geheim.

Kleine Monster an der Tür

Jedes Jahr am 31. Oktober verkleiden sich Kinder und Jugendliche als Hexen, Teufel, Geister oder Monster. In ihren gruseligen Kostümen ziehen sie in der Dunkelheit von Tür zu Tür und bitten um Süßigkeiten. Wehe denen, die ihnen nichts geben!

Trick or treat

Den Ruf „Süßes oder Saures" hast du vielleicht selbst schon in der Nachbarschaft gerufen, wenn du an Halloween an Türen geklopft hast. Er ist die ungefähre Übersetzung des englischen „Trick or treat". Das ist eine Aufforderung, Süßes herauszurücken. Daneben gibt es eine Reihe kleiner Gedichte und Sprüche, die ihr an der Tür aufsagen könnt.

Saures geben

Dem Brauch zufolge müssen diejenigen, die nichts Süßes herausrücken, mit einem Streich rechnen, dem „trick". Beschmierte Türklinken oder Eier an der Hauswand sind in den USA keine Seltenheit.

Geisterspruch

„Wir sind die kleinen Geister und essen gerne Kleister. Wenn Sie uns nichts Süßes geben, bleiben wir hier Stunden kleben."

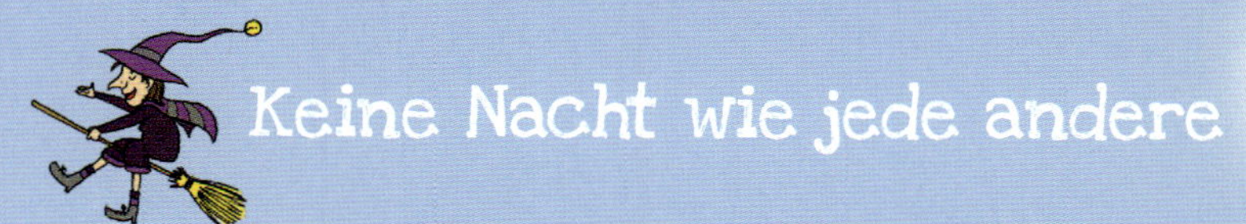

Zum Fürchten

Das Wichtigste an Halloween ist die Verkleidung. Sie soll möglichst gruselig und furchterregend sein. Aber warum eigentlich? Früher glaubten die Menschen, dass die Geister der Toten in dieser Nacht umherwandern. Mit den gruseligen Kostümen sollten die Geister in die Irre geführt werden und glauben, dass man bereits einer von ihnen ist.

Kürbislaternen überall

Schnitzt du zu Halloween auch eine Kürbislaterne? Die Kürbisfratzen sind untrennbar mit Halloween verbunden. Der Brauch, Kürbisse auszuhöhlen und zu verzieren, geht auf eine irische Sage zurück, in der ein Mann namens Jack den Teufel überlistete. In Irland heißt der grinsende Kürbis deshalb Jack-o'-lantern, was „Jack mit der Laterne" bedeutet.

Wie Halloween zu seinem Namen kam

Halloween ist eine Abkürzung für das englische „All Hallows' Eve". Es bedeutet „Abend aller Heiligen", meint also den Abend vor Allerheiligen. Allerheiligen, der Tag, an dem Christen der Heiligen gedenken, feiert man am 1. November, dem Tag nach Halloween.

Dunkelheit, die ewig dauert

Es gibt Regionen auf der Erde, in denen ist es monatelang dunkel. Es herrscht Polarnacht. Sie kann bis zu sechs Monate dauern. Kannst du dir vorstellen, wie es ist, wenn es ein halbes Jahr lang selbst am Tag nie hell wird?

Polarnacht – Polartag

Wenn die Sonne länger als 24 Stunden nicht über den Horizont kommt, spricht man von einer Polarnacht. Das Gegenteil davon ist der Polartag. An ihm sinkt die Sonne nicht unter den Horizont und es bleibt auch in der Nacht hell.

Alles eine Frage der Neigung

Fragst du dich, wieso es an manchen Orten auf der Welt so lange dunkel ist? Der Grund ist der Winkel, in dem die Erde zur Sonne hin geneigt ist. Er beträgt 23,4 Grad. Die Erde hat also eine ganz schöne Schieflage. Im Gebiet der Pole und der Polarkreise ist dann je nach Jahreszeit entweder lange Nacht oder lange Tag.

Warum herrscht nicht überall Polarnacht?

Die Polarnacht tritt nur zwischen den Polen und den jeweiligen Polarkreisen auf. Am Polarkreis dauert sie 24 Stunden. Befindest du dich näher am Pol, wird die Nacht länger. Direkt am Pol beträgt sie ein halbes Jahr.

Dunkle Winter – helle Sommer

Durch die Neigung der Erde zur Sonne ist es am Nordpol im Winter lange dunkel und im Sommer lange hell. Am Südpol ist es entsprechend umgekehrt. Nach ungefähr einem halben Jahr wechseln sich Polarnacht und Polartag ab.

Die Hand vor Augen sehen

Wenn die Sonne ganz tief unter dem Horizont steht, ist es stockdunkel: so dunkel wie die Nächte, die du kennst. Befindet sich die Sonne aber nur knapp unter dem Horizont, sieht die Polarnacht eher wie Dämmerung aus.

Reflektiert der Schnee das restliche Licht zusätzlich, ist es gleich noch ein bisschen heller. Trotzdem leiden viele Menschen in der Polarnacht unter der Dunkelheit und bekommen schlechte Laune.

Wenn die Mützen in die Luft fliegen

In Qaanaaq im nördlichen Grönland dauert die Polarnacht vier lange Monate. Steigt die Sonne dann das erste Mal wieder über den Horizont, wird sie von den Menschen dort mit einem Lied begrüßt und sie werfen ihre Mützen in die Höhe.

Die Nacht der Lichter und Geschenke

Die Nacht vom 24. auf den 25. Dezember hat viele Namen: Heilige Nacht, Christnacht oder auch Heiligabend. Wahrscheinlich freust du dich wie jedes andere Kind besonders auf diesen Abend, denn dann wird mit der Familie gefeiert und es gibt Geschenke.

Schöne Bescherung

In Mitteleuropa findet die Bescherung meistens am 24. Dezember, an Heiligabend, statt. Das ist genauso wie zum Beispiel in den nordischen Ländern. In anderen Ländern wie den USA oder England müssen sich die Kinder bis zum Morgen des 25. Dezember gedulden, bis sie ihre Geschenke auspacken dürfen.

Ein Grund zum Feiern

Hast du schon einmal darüber nachgedacht, warum du zu Weihnachten Geschenke bekommst? Grund dafür ist die Geburt von Jesus Christus. Er wurde von Maria in einem Stall in Bethlehem zur Welt gebracht. Daran glauben die Christen und feiern seitdem den Geburtstag von Gottes Sohn.

Jesu Geschenke

Auch das Jesuskind bekam Geschenke überreicht. Die Heiligen Drei Könige brachten ihm zu seiner Geburt Gold, Weihrauch und Myrrhe. Auf diese Geschichte geht die Tradition der Weihnachtsgeschenke zurück.

In England und den USA steckt der Weihnachtsmann die Geschenke in große Strümpfe, die am Kamin hängen.

Ein christliches Fest

In anderen Religionen wie dem Buddhismus oder dem Islam wird Jesu Geburtstag nicht gefeiert und Geschenke gibt es deshalb auch nicht. Dafür gibt es dort andere Feiertage. Übrigens: Das Datum für Christi Geburt und das Weihnachtsfest wurde im 4. Jahrhundert vom damaligen Kaiser einfach festgelegt. In der Bibel steht nämlich kein Geburtsdatum.

Du hast sicher schon beim Schmücken des Weihnachtsbaumes geholfen.

Das Licht der Welt

Das Datum ist trotzdem kein Zufall, denn zur Wintersonnenwende, die am 21. Dezember ist, wurden schon immer große Lichtfeste gefeiert. Jesus wird in den Schriften auch oft als „Licht der Welt“ oder als „Licht Gottes“ beschrieben. So lag es vermutlich nahe, auch seinen Geburtstag um die Wintersonnenwende herum zu feiern.

Russische Weihnacht

Bevor Weihnachten auf das heutige Datum verlegt wurde, feierte man am 6. Januar. Die christlich-orthodoxe Kirche hat dieses Datum beibehalten. Deshalb feiern zum Beispiel viele russische Christinnen und Christen erst 13 Tage später als du.

Ein Mann, viele Namen

In Russland heißt der Weihnachtsmann Väterchen Frost, in den USA Santa Claus, in Frankreich wird er Papa Noël genannt und in den Niederlanden Kerstman.

Wenn Korken und Raketen knallen

Fast überall auf der Welt wird in der Silvesternacht das alte Jahr verabschiedet und um Punkt Mitternacht das neue Jahr begrüßt. Es werden Raketen und Böller gezündet und die Erwachsenen stoßen mit Sekt oder Champagner auf „Ein frohes Neues“ an. Selbst die Kinder dürfen in dieser Nacht aufbleiben und das Feuerwerk ansehen.

Auch Wunderkerzen zündet man an Silvester gern an.

Mordsgetöse in der Nacht

Der Brauch, in der Silvesternacht einen Heidenlärm zu veranstalten, ist schon sehr alt. Mit dem Krach sollen die bösen Geister vertrieben werden. Früher nahm man alte Töpfe und Pfannen und warf sie auf die Straße, in den Dörfern läuteten die Kirchenglocken und wer ein Gewehr hatte, schoss damit in die Luft.

Feuerwerk rund um den Globus

Heute steigen farbenprächtige Raketen in den Himmel, Feuerkreisel drehen sich wie wild und Knaller aller Art explodieren lautstark. In den Hauptstädten werden dann oft ganz besonders prächtige Feuerwerke entzündet.

Anfang und Ende

Nur wer nach dem gregorianischen Kalender lebt, feiert das Ende des alten Jahres am 31. Dezember und Neujahr am 1. Januar. Das chinesische Neujahrsfest zum Beispiel findet erst später im Jahr statt.

Kinderkrach erwünscht

In einigen Regionen Norddeutschlands gibt es den Brauch des Rummelpottlaufens. „Rummeln“ heißt so viel wie „Lärm machen, poltern“. Verkleidete Kinder laufen mit einem selbst gebastelten Rummelpott von Tür zu Tür und machen dort mit dem Topf Krach. Sie sagen Verse auf oder singen Rummelpottlieder und bekommen dafür Süßigkeiten geschenkt.

Gute Vorsätze

In der Silvesternacht fassen viele Menschen gute Vorsätze für das neue Jahr. Hast du das auch schon einmal gemacht? Man nimmt sich zum Beispiel vor, die Geschwister nicht mehr so oft zu ärgern. Oft hält man sich aber schon nach kurzer Zeit nicht mehr daran.

Glücksbringer

Das neue Jahr soll Glück bringen. Aus diesem Grund werden zu Silvester oft Glücksbringer verschenkt. Es gibt weltweit auch eine ganze Reihe von Glücksbräuchen.

In Italien zum Beispiel trägt man rote Unterwäsche, in Spanien isst man um Mitternacht zwölf Trauben, bis der zwölfte Glockenschlag verklungen ist. Und wenn du die Schuppe eines Silvesterkarpfens in dein Portemonnaie legst, wird dir das Taschengeld sicher nie ausgehen.

Verschiedene Glücksbringer

Raue Nächte – Rauchnächte

Die Raunächte sind eine geheimnisvolle und manchmal auch ein wenig unheimliche Zeit. In ihnen treiben zottelige, gruselige Gestalten ihr Unwesen und haufenweise Geister ziehen umher. Viele Bräuche ranken sich seit Urzeiten um die zwölf dunklen Nächte rund um den Jahreswechsel.

Benannt nach einem Dämon?

Woher die Raunächte ihren Namen haben, ist nicht vollständig geklärt. Klar, du könntest jetzt denken, der Name „rau" bezieht sich auf das Wetter und die Kälte, die in dieser Jahreszeit herrschen.

Wahrscheinlicher ist aber, dass der Name auf das mittelhochdeutsche Wort „ruch" zurückgeht. Das bedeutet „haarig" und könnte ein Hinweis auf Dämonen mit zotteligem Fell sein.

Ausgeräuchert

Die Raunächte werden auch Rauchnächte genannt. Diesen Namen bekamen die zwölf Nächte, weil die Menschen in dieser Zeit ihre Ställe und Häuser mit Weihrauch, Harzen oder Kräutern ausräucherten. So wollten sie sich vor den umherziehenden Dämonen schützen.

Die wilde Jagd

Der Sage nach soll in den Raunächten der germanische Gott Wodan mit einer laut kläffenden Hundemeute über den Himmel reiten und eine Schar von Geistern anführen.

Bis zwölf zählen

Der Zeitraum für die Raunächte wird unterschiedlich angegeben. Eine Zählweise beginnt bereits am Thomastag, dem 21. Dezember. Sie endet am Dreikönigstag, dem 6. Januar.

Fällt dir etwas auf? Richtig, das sind mehr als zwölf Nächte, deshalb werden bei dieser Zählung die vier Sonn- und Festtage nicht mitgezählt. Ein anderer üblicher Zeitraum geht vom 25. Dezember bis zum 6. Januar.

Blick in die Zukunft

Dem Volksglauben nach sollen die Raunächte geeignet sein, um einen Blick in die Zukunft zu werfen. So wurde zum Beispiel das Wetter für die nächsten zwölf Monate vorhergesagt: Das Wetter einer Nacht stand dann für einen kommenden Monat.

Die zweigesichtige Frau Percht

In einigen Gegenden treiben unheimliche Wesen auch heute noch in den Raunächten ihr Unwesen. Das glaubst du nicht? Kannst du aber, denn in Bayern in Deutschland und Tirol in Österreich ziehen dann die Perchten mit einem Höllenkrach durch die Gegend.

Sie tragen handgeschnitzte, furchterregende Masken und zottelige Umhänge. Wichtigste Figur dieser Perchtenumzüge ist die zweigesichtige Frau Percht. Vorn lacht die Sonne und hinten grinst der Teufel.

Glossar

abonnieren:
Eine Zeitung regelmäßig beziehen

Biolumineszenz:
Fähigkeit eines Lebewesens, durch eine chemische Reaktion im Körper Licht zu erzeugen

Cockpit:
Kabine, in der ein Pilot oder eine Pilotin das Flugzeug steuert

Crew:
Bezeichnung für die Mannschaft auf einem Schiff oder in einem Flugzeug

Deck:
Waagerechte Fläche, die den Schiffskörper nach oben hin abschließt

Dienstplan:
Plan, in dem steht, wer zu welchen Zeiten arbeitet oder frei hat

Einzelhandel:
Geschäft, das Waren direkt an Verbraucherinnen und Verbraucher weiterverkauft. Im Gegensatz dazu steht der Großhandel, der seine Waren an andere Händlerinnen und Händler weiterverkauft.

filetieren:
Das Filet aus einem Stück Fleisch, Geflügel oder Fisch herauslösen. Filet ist ein besonders zartes Stück Fleisch.

Gastronomie:
Ein Sammelbegriff für alle Gaststätten- und Restaurantbetriebe. Er bezeichnet aber auch eine einzelne Gaststätte.

Gaumensegel:
Weicher Muskel, der den Mundraum vom Rachen abtrennt und für das Schlucken, Atmen und Sprechen benötigt wird

Gewölle:
Unverdauliche Nahrungsreste, die vor allem Eulen und Greifvögel ausspeien

Hochsitz:
Jägersitz, der Beobachtungsposten einer Jägerin oder eines Jägers. Meist wird er aus Pfählen und Stämmen gebaut, er kann aber auch direkt auf einem Baum angebracht werden.

Hydrant:
Zapfstelle zur Entnahme von Wasser. Du findest sie häufig direkt an der Straße. Sie werden dort von der Feuerwehr oder der Straßenreinigung benutzt, um Wasser zu holen.

interviewen:
Jemanden zu einem bestimmten Thema befragen

Luftraum:
Der freie Raum über der Erde, der noch zu dem Land gehört, über dem er sich befindet

Moderator, Moderatorin:
Die Person, die durch eine Sendung führt, die Sendung gestaltet, Leute befragt und informiert

Myrrhe:
Ein Gummiharz, das aus verschiedenen Bäumen in Afrika und Indien gewonnen wird. Es riecht sehr gut und wurde früher zum Räuchern und für Arzneien benutzt.

Nachtgreifer:
Greifvögel, die in der Nacht unterwegs sind, zum Beispiel der Uhu oder der Habichtkauz

Netze ausbringen:
Netze auswerfen

Netzhaut:
Die innerste, lichtempfindliche Haut des Augapfels

orten:
Die Position oder die Lage von etwas bestimmen, den Standpunkt einer Person feststellen

Phase:
Zeitabschnitt, Zeitspanne

Piepser:
Alarmgerät

Polarkreise:
Kreise, die die Polargebiete begrenzen. Sie liegen auf 66,56 Grad nördlicher beziehungsweise südlicher Breite.

randalieren:
Krach machen, mit Absicht Sachen zerstören

Spind:
Ein einfacher, schmaler Schrank

Stiege:
Eine flache Kiste aus Holzlatten

Tapetum lucidum:
Reflektierende Schicht im Katzenauge, die für eine optimale Nachtsicht sorgt

Tour:
Strecke, Weg

Tower:
Kontrollturm auf Flugplätzen

Ultraschallbereich:
Der Bereich, in dem das menschliche Gehör Schall nicht mehr wahrnehmen kann. Die Töne sind höher als die höchsten, die du hören kannst.

Weihrauch:
Harz von Bäumen, die in Indien und in arabischen Ländern wachsen. Der aromatische Rauch wird in verschiedenen Religionen eingesetzt.

Register

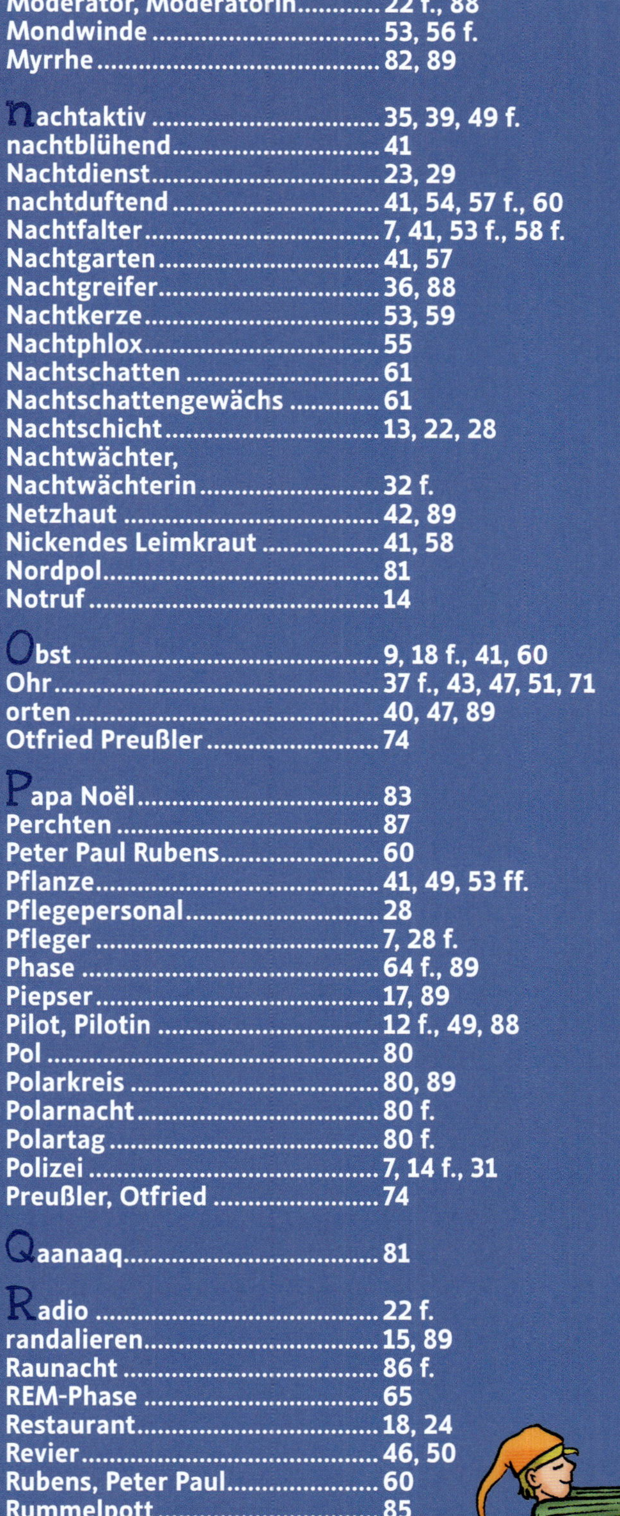

Bildnachweis

shutterstock.com: New Africa 10 u., Juice Verve 11 o., Studio Romantic 11 u., jg2000 14 u., Pradeep Thomas Thundiyil 15 o., Filmbildfabrik 15 u., Baloncici 18 o., Aleksandar Malivuk 18 u., Ganstock 19 u., Vladimir Sukhachev 22 o., Dean Drobot: 22 u., Patrick Daxenbichler 23 o., Delpixel 27 u., Sampajano_Anizza 30 u., Scharfsinn 31 o., hanohiki 31 u., Nynke van Holten 36 o., Olga_Ratova 36 u., Anne Coatesy 37 o., Martin Prochazkacz 38 o., Jan Pelcman 38 u., thsulemani 39 o., duangnapa_b 39 u., Rafa Beladiez Martinez 42 o., Zana Pesnina 42 u., Nils Jacobi 43 o. und u., Vivienstock 46, Giedriius 47 o., Volodymyr Burdiak 47 u., Michal Ninger 50 o., Zdenek Machacek 50 u., Rudmer Zwerver 51 o., Africa Studio 54 o., MNStudio 54 u., Tom Meaker 55 u., ChViroj 56 o., UbjsP 57 o., BigBoom 57 u., minepumpkin 58 u., Nature1000 59 o., James d'Almeida 59 u. li., Konstantin Aksenov 60 o., RukiMedia 61 o., Mickis-Fotowelt 66 o., fizkes 66 u., Olena Kryzhanovska 67 o., Africa Studio 70 u., Independence_Project 71 o., Evgenyrychko 71 u., Fotos593 76 o., Levranii 76 u., by-studio 77 o., PinkCoffee Studio 82 o., New Africa 82 u., Stokkete 83 o., gpointstudio 83 u., Dikstock 84 o., Ground Picture 85 o., Photo_Pix 85 u.

dpa Picture-Alliance, Frankfurt am Main: akg-images / Erich Lessing | Erich Lessing 60 u.

Spannende Bücher für neugierige Kids ab 6 Jahren!

Wissen in Fragen und Antworten

Bekommen Pinguine kalte Füße? Wie kam das Wasser in die Ozeane? Und wie funktioniert eigentlich das Internet? Dieses Buch gibt Antworten auf Fragen, die Kinder immer wieder stellen. Sie erfahren hier alles Wissenswerte zu den Themenbereichen Körper, Essen und Trinken, Universum und Erde, Tiere und Pflanzen, Entdeckungen und Erfindungen. Ein umfassendes, abwechslungsreiches Nachschlagewerk!

192 Seiten, ab 6 Jahren
ISBN 978-3-8174-2982-0

192 Seiten, ab 6 Jahren
ISBN 978-3-8174-2981-3

Die Welt des Wissens

Dieses Sachbuch erklärt wissbegierigen Kids die Welt – kindgerecht und einfach! Sie erfahren viel Spannendes aus den Bereichen Planet Erde, Tiere und Pflanzen, menschlicher Körper, Geschichte und Kultur, Weltraum und Naturwissenschaft. Ein frisches Layout mit großen Bildern und kurzen Textblöcken erleichtert das Verständnis und macht immer wieder Lust aufs Schmökern.